高校英语选修课系列教材

A CONCISE COURSEBOOK ON ENGLISH-CHINESE AND CHINESE-ENGLISH TRANSLATION

简明英汉互译

主　编　董　燕
副主编　霍春红　辛艳慧
编　者　陈　丽　张　帆
　　　　贾金祯　吴　静
　　　　付　滢　滕智红

清华大学出版社
北京

内 容 简 介

《简明英汉互译》是面向应用型本科高校编写的翻译教材，简明实用、通俗易懂、内容鲜活，富有时代性。翻译理论与实践并重，每一章节均从英汉对比的角度出发，讲解英汉互译理论和技巧，并设计针对性的训练，特别注重纠正英语学习者在翻译过程中易犯的错误并强调英汉文化差异现象。此外，本教材将课程思政元素有机融入，既适合作为普通高校的大学英语拓展课或翻译选修课教材，也可以作为英语自主学习的辅助教材。

版权所有，侵权必究。举报：010-62782989，beiqinquan@tup.tsinghua.edu.cn。

图书在版编目（CIP）数据

简明英汉互译/董燕主编.—北京：清华大学出版社，2021.12（2022.9重印）
高校英语选修课系列教材
ISBN 978-7-302-59826-8

Ⅰ.①简… Ⅱ.①董… Ⅲ.①英语—翻译—高等学校—教材 Ⅳ.①H315.9

中国版本图书馆CIP数据核字（2022）第007248号

责任编辑：曹诗悦　杨文娟
封面设计：子　一
责任校对：王凤芝
责任印制：丛怀宇

出版发行：清华大学出版社
　　　　网　　址：http://www.tup.com.cn，http://www.wqbook.com
　　　　地　　址：北京清华大学学研大厦A座　　邮　编：100084
　　　　社 总 机：010-83470000　　邮　购：010-62786544
　　　　投稿与读者服务：010-62776969，c-service@tup.tsinghua.edu.cn
　　　　质 量 反 馈：010-62772015，zhiliang@tup.tsinghua.edu.cn
印 装 者：小森印刷霸州有限公司
经　　销：全国新华书店
开　　本：185mm×260mm　　印　张：13.75　　字　数：297千字
版　　次：2021年12月第1版　　　　　　　　印　次：2022年9月第2次印刷
定　　价：52.00元

产品编号：095013-01

序

通讯缩小了世界，语言丰富了世界，翻译沟通了世界。翻译是桥梁，是纽带，是亲和剂。随着我国对外经济交流与文化合作更加频繁，翻译教学在高校也越来越受到重视；英语翻译教学是高校英语教学的一个重要环节，它能够综合提高大学生运用英语的能力。因此，近年来，我国有关翻译的书出版了很多，涵盖面也十分广泛。但是，适合普通高等院校非英语专业学生学习的翻译教材还不算丰富。这本由珠海科技学院教师牵头编写的《简明英汉互译》教材即将付梓，特别适合这一用途。

十分荣幸受编写组的热情邀请，让我有机会提前阅读并欣赏这本以课程思政为指导、既有翻译理论又偏重翻译实践、学术性与趣味性兼备的简明大学英语翻译教材。

本人阅读本书后的感觉是：首先，内容全面而重点突出。选材既有时政新闻，也有经典名篇，对易混淆、难掌握的英汉词、短语、句子、段落，从不同角度翻译举例，进行详细的讲解说明，并附有大量练习，使学生能够在英汉互译辨析中掌握、记忆，在运用中提高、巩固。其次，本书针对性很强。重点针对学生在翻译实践中遇到的实际问题进行了总结、分析和归纳，这对学生系统了解和掌握英汉互译技巧，提高英语应用能力会有很大帮助。此外，本书简明实用、通俗易懂、生动有趣。它特别强调实用性，从实际出发，在讲解理论的同时，纠正大学生在英语翻译过程中易犯的错误，即中式英语错误；而且，本书还专门用一个章节讲解了在翻译过程中需要特别注意的中西文化差异现象。

本书是几所高校的教师在大学英语长期的教学实践中总结出的实践经验之大成，对在校大学生及广大英语爱好者十分有参考价值。

是为序。

赵友斌
暨南大学教授、博士生导师
2021 年 9 月

前 言

随着国家对应用型人才的需求不断增长,许多国内高校在英语教学方面更注重培养学生的英语应用能力,尤其是英汉互译能力。对于非英语专业的英语学习者来说,英汉翻译课程一般是作为大学英语拓展课或者选修课来学习,学时较短。另外,随着课程思政教育的深入开展,需要在翻译教材中融入思政元素。因此,这本难度适中、简明扼要、兼有学术性和趣味性且符合课程思政要求的翻译教材应运而生。

一、编写特色

本教材既适合作为普通高校的大学英语拓展课或翻译选修课教材,也可以作为英语自主学习的辅助教材。本教材有以下三个特色:

1. 翻译理论与实践并重。本教材按照"对比找差异,互译讲方法"的思路编写翻译理论部分。每个章节均从英汉对比的角度,进行英汉互译理论和技巧的讲解,内容由简入繁,翻译技巧介绍层次分明。实践部分练习与应用有机结合,每个章节英汉互译的练习题形式多样,有选择题、填空题、句子或段落翻译题等,边学边练,对想提高翻译能力的学习者很有帮助。

2. 课程思政有机融入。本教材将课程思政元素融入每个章节的内容中,翻译讲解的例句和练习中的内容与时俱进,或关注时政新闻和热点话题,或选自名篇名译和外交演讲等,有助于弘扬中国传统文化,培养学生的文化自信和家国情怀,让学生在学习英汉语言文字层面的翻译和转换的同时,对比中外文化,增强思辨能力。

3. 学术性和趣味性兼备。本教材在参考诸多著名翻译家和学者的著作的基础上,结合翻译教学过程中学习者的实际需求进行编写,难度适中。本教材素材来源丰富,涵盖历史、文化、科技、教育、新闻、旅游等内容,以及大学英语四六级考试翻译真题等。在各章节中有"译家之言""译界名人""译海拾贝""译海轶事"等内容,既有助于提升学习兴趣,又利于学习翻译界名家精益求精的精神。

简明英汉互译

二、学时安排

为了更加贴近教学实际,本教材分为 16 个章节,每章节 2 课时,共需 32 课时,所有章节均配有电子课件,练习题均配有参考答案(在线资源),为教师备课和学生自学提供了便利。

"The books and friends should be few but good.",本书不求大而全,但求少而精。希望翻译学习者在认真研读本书过程中获取知识和力量,并对本书提出宝贵意见。

编者

2021 年 9 月

目　录

第一章　翻译概述 1
　　第一节　翻译的性质 2
　　第二节　翻译的方法 6

第二章　词义的对等与不对等 15
　　第一节　英汉词义的对等关系 16
　　第二节　词义的选择、引申与转化 18

第三章　增词法与减词法 27
　　第一节　英汉语法表达手段差异 28
　　第二节　增词法 29
　　第三节　减词法 35

第四章　静态与动态 41
　　第一节　英语的静态与汉语的动态 42
　　第二节　英译汉——化静为动 46
　　第三节　汉译英——化动为静 50

第五章　抽象与具体 55
　　第一节　英语的抽象与汉语的具体 56
　　第二节　英译汉——从抽象到具体 58
　　第三节　汉译英——从具体到抽象 62

第六章　主语显著与话题显著 67
　　第一节　英汉句子结构差异 68
　　第二节　英语"主谓结构"转换为汉语"话题—评论"结构 71
　　第三节　汉语"话题—评论"结构转换为英语"主谓结构" 72

第七章　物称与人称 79
　　第一节　英语的物称与汉语的人称 80
　　第二节　英译汉——物称主语转换为人称主语 85
　　第三节　汉译英——人称主语转换为物称主语 88

第八章 被动与主动 93
第一节 英汉语态差异 94
第二节 英译汉中的语态转换 96
第三节 汉译英中的语态转换 100

第九章 肯定与否定 107
第一节 肯定表达与否定表达 108
第二节 英译汉中肯定与否定的转换 109
第三节 汉译英中肯定与否定的转换 117

第十章 语序的调整 121
第一节 英汉思维模式差异 122
第二节 英汉词语顺序的调整 123
第三节 英汉句子成分顺序的调整 123
第四节 英汉句子顺序的调整 128

第十一章 主从的区分 133
第一节 英汉句式特点差异 134
第二节 汉译英中的主从区分 135

第十二章 从句的译法 145
第一节 名词性从句的译法 146
第二节 定语从句的译法 149
第三节 状语从句的译法 151

第十三章 长难句的译法 159
第一节 英语的形合与汉语的意合 160
第二节 英语长难句的译法 162
第三节 汉语长难句的译法 167

第十四章 段落的译法 173
第一节 语篇衔接 174
第二节 语篇连贯 178
第三节 段落翻译实践 183

第十五章 习语的译法 189
第一节 英汉习语的文化差异 190
第二节 英汉习语的译法 193

第十六章 英汉互译中常见的错误 199
第一节 望文生义 生搬硬套 200
第二节 语法不精 表述不清 202
第三节 逻辑混乱 前后矛盾 203
第四节 文化误读 生硬移植 205

参考文献 209

第一章

翻译概述

你知道
◆ "信、达、雅"的翻译标准是谁提出来的吗?
◆ 什么是"异化"、什么是"归化"吗?
◆《红楼梦》的书名怎么翻译吗?

 第一节 翻译的性质

译海浩渺。初涉译海的学习者遇到的问题首先是：什么是翻译？什么样的翻译才是成功的翻译？

一、翻译的定义

1. 什么是翻译

关于"什么是翻译"的问题，从不同的视角看，定义各不相同。

张培基先生在 20 世纪 80 年代出版的《英汉翻译教程》(*A Course in English-Chinese Translation*) 一书中给出的定义是："翻译是运用一种语言把另一种语言所表达的思想内容准确而完整地重新表达出来的语言活动。"目前这是在我国翻译界普遍认可的定义。

美国翻译理论家尤金·奈达 (Eugene Nida) 在其著作 *The Theory and Practice of Translation* 中写道："Translating consists in reproducing in the receptor language the closest natural equivalent of the source language message, first in terms of meaning and secondly in terms of style."（所谓翻译，是指在译入语中用最切近而又最自然的对等语再现原语的信息，首先在语义上，其次在文体上）。

英国翻译理论家彼得·纽马克 (Peter Newmark) 在其著作 *A Textbook of Translation* 中写道："... it is rendering the meaning of a text into another language in the way that the author intended the text."（……[翻译]是按作者的创造意图把一篇文章的意思用另一种语言描述出来的过程）。

这些翻译家的定义有的把翻译看成是一种语言活动，有的强调信息的对等，有的是从原作者的意义视角出发，各有侧重。关于翻译的定义多达十几种，可谓"仁者见仁，智者见智"。我们不妨从《现代汉语词典》中找一种最简洁明了的定义："翻译是把一种语言文字的意义用另一种语言文字表达出来。"

2. 翻译是什么

关于"翻译是什么"的问题，有人说是科学，有人说是艺术，还有人说翻译是再创造。翻译是一门专业性很强的学科，对译者也有很高的要求。"一千个读者就有一千个哈姆雷特"，作者的意图需要借助于译者向读者传递。译者译得好，读者就可以更好地认识原文和原作者；否则，读者会不明白原文含义，甚至误解原文和原作者。正如俄国作家果戈理的比喻：译者自己像一块透明的玻璃，透过它清晰地看到原作，但又注意不到玻璃的存在。

对于课堂教学而言，翻译是外语教学中不可或缺的一种手段。对于英语学习者来说，如果英语水平还未达到熟练程度，将无法听懂老师用英语解释的学习内容，特别是英语中有抽象意义或文化特色的表述。这时候翻译教学法就会起到事半功倍的作用。英语教育家王宗炎先生说过："首先，教外语离不开翻译。对初学者，不能不用汉语讲解外语；对水平高的学生，有时也得借助翻译。"

因为英汉语之间的结构差异、文化差异以及人们的思维差异，一种语言转换为另一种语言时，会出现大量意义不对等的现象。翻译活动中的很多错译和误译，主要是由于译者的词汇量不够、缺乏文化背景知识或过度依赖机器翻译而导致。例如，把"请在一米线外等候"译成"Please wait outside a rice noodle.（在一条"米线"外等候）"，让人啼笑皆非。

在学习英语的过程中，不管是学习词汇、语法、句型，还是学习段落、篇章、习语，都需要用到翻译的知识和技巧。因此，我们首先要从英汉对比的角度了解英汉语在词汇、句型、篇章等语言方面的差异和文化方面的差异，然后学习翻译的理论和方法，并以此来指导翻译实践。

译家之言

翻译这门学问，好比蚕宝宝造丝。……这蚕吃了桑叶，吐出来的应该是丝嘛。翻译的人应当把原文彻底弄明白了、完全消化了之后，再重新写出来。——傅雷

二、翻译的步骤

翻译过程包括三个必不可少的步骤：理解、表达、校对。理解是表达的基础，表达是理解的结果，校对是理解和表达的进一步深化，也是对原文和译文的进一步推敲。三者相辅相成，缺一不可。

"理解"是指对原文充分理解，这是翻译的基础。尤其是理解有历史典故或文化背景的文本，更需要译者有深厚的文化素养。

举 例

It was zero hour and the surgeon began the operation on him.
在关键时刻，医生开始给他动手术。

如果不知道 zero hour 的含义，这句话就会误译为：医生是零点开始给他动手术。其实这里的 zero hour 意思是 critical moment，本来指的是"军事行动的开始时间"，负责下令的军官会看着手表上的秒针倒数计时，一旦秒针走到零点，就会下达行动指令。后来 zero hour 脱离了军事用语的局限，逐渐引申为"关键、决定性时刻"的意思。

举 例

亦余心之所善兮，虽九死其犹未悔。
For the ideal that I hold dear to my heart, I'd not regret a thousand times to die.

这句话出自屈原的《离骚》，表达了作者为追求家国富强，坚持高洁品行而不怕千难万险、纵死也无悔的忠贞情怀。后来人们在表达坚持理想、为实现目标而奋斗时常引用这一名句以表达心志。英语的译文是我国优秀的外交翻译官张璐在记者会现场翻译的，曾赢得一片赞誉。

3

简明英汉互译

译界名人

从 2010 年起,张璐在总理记者会上担任翻译已经有 10 余年,被网友称为"翻译女神"。在张璐看来,成为一名优秀外交翻译官没有捷径可走,只有不断地练习,练习,再练习。

"表达"是指用清晰明白的语言和文体表达原文的意义。根据人们学习生活中的需要,我们可以把翻译文本分为文学类和非文学类。不同的文本要用不同的表达方式。文学类作品用语言来塑造形象,表达思想感情。其风格不同,色彩缤纷。如果将原文定位为文学类作品,译文也相应地一定是文学类作品。文学类作品的译文不仅要做到词汇和句法对等,而且文体也要对等。非文学类作品用于传递信息或者描述事实,客观地表达思想,往往有其固定的表达方式。

译文的表达方式不仅受文体和上下文(语境)的制约,也受译者理解水平和翻译风格的制约。同样的文本,因为译者的不同诠释和表达方式,译文常常呈现截然不同的风格。

举 例

I love three things in this world, the sun, the moon and you. The sun for the day, the moon for the night, and you forever.

译文 1:在这个世界我只喜欢三件东西,太阳、月亮和你,太阳是为了白天而存在,月亮是为了夜晚,而你对我来说是永恒的。

译文 2:浮世万千,挚爱有三。日为朝,月为暮,汝为朝朝暮暮。

译文 1 的表达方式,是客观陈述事实,保持了原文的词汇和句式;译文 2 的表达方式采用古汉语文体,感情色彩强烈,给人印象深刻。

举 例

She has thrown herself away upon that boor, from sheer ignorance that better individuals existed!

译文 1:只因为她全然不知道天下还有更好的人,就嫁给了那个乡下佬!

译文 2:她这样轻易把一朵鲜花插在牛粪里,只因为不知道天下还有好得多的人儿呢!

这句话原文出自小说《呼啸山庄》(*Wuthering Heights*),汉语的译文有很多版本。比较一下这两种译文,译文 1 显得比较正式,是完全忠实于原文的表达;译文 2 显得比较活泼,用了口语化的表达方式,也是佳译。

举 例

《钢铁是怎样炼成的》
译文 1:*The Making of a Hero*
译文 2:*How Steel Is Melted*

以上两种不同的书名译文取决于不同的文本类型。译文 1 是文学类,是描写英雄保尔·柯察金的故事;译文 2 是非文学类,是描写炼钢过程的科技文本。

"校对"是最后的一步。由于中外语言文化的差异，译者无论在理解方面还是表达方面，都会受到原文的制约和影响，译文难免会出现一些缺陷。因此，在完成翻译之后还需要多做一步：审阅校对。在校对时，要注意检查词汇搭配、术语表达、逻辑关系等，还要检查是否有"翻译腔"。"翻译腔"指的是译文有洋化现象或不符合译入语习惯的表达方式，使得译文不自然、不流畅、生硬、难懂。在校对的时候，译者需要站在读者角度"换位思考"一下，想象一下如果自己是译文读者的话，是否觉得译文流畅、易懂。

举 例

1. He is one of the famous writers.
   译文1：他是有名的作家之一。
   译文2：他是位有名的作家。
2. When you finish the draft, send it to me.
   译文1：当你写完稿子的时候，把它寄给我吧。
   译文2：稿子写完后就寄给我吧。
3. As a husband, he is affectionate.
   译文1：作为一个丈夫，他十分深情。
   译文2：他是个深情的丈夫。

对比上述各例句中的两种译文，我们会发现各例句的译文1虽然看似忠实于原文结构，但是有非常明显的"翻译腔"，如果改为译文2，会更符合汉语习惯，表达也显得更加自然。

三、翻译的标准

中国唐代翻译家玄奘曾把佛经由梵文译为汉语，还把老子的著作译成梵文，是第一个把汉语经典介绍到国外的中国人。他曾提出了"既需求真，又需喻俗"的翻译标准。

近代思想家、翻译家严复在《天演论》中提出了"信、达、雅"的翻译标准，这一标准一直对我国翻译工作起着重要的指导作用。在今天看来，"信"就是忠实于原文的思想内容；"达"就是译文要通顺流畅；"雅"就是指注重修辞，译文要有文采。

语言学家林语堂在《论翻译》一文中提出翻译的三条标准：忠实、通顺、美。

翻译家傅雷提出了"神似"的翻译标准。他认为，翻译就像临摹一幅画，"所求的不在形似而在神似"。

北京大学教授许渊冲曾提出"三美"论，认为诗歌翻译应该讲究"三美"，即意美、音美和形美。

举 例

江　雪	**Fishing in Snow**
千山鸟飞绝，	From hill to hill no bird in flight;
万径人踪灭。	From path to path no man in sight.
孤舟蓑笠翁，	A lonely fisherman afloat,
独钓寒江雪。	Is fishing snow in lonely boat.

这篇许渊冲先生的汉译英翻译作品堪称经典，既表达了原诗的意境，又符合英语诗歌的韵律，真正体现了"三美"的翻译标准。

译界名人

2017年9月1日，96岁的北京大学教授许渊冲受邀担任中央电视台"开学第一课"节目的嘉宾，他是"开学第一课"十年以来最年长的"任课教师"。他从事文学翻译长达六十余年，译作涵盖中、英、法等语种，被誉为"诗译英法唯一人"。

举 例

That Home is Home though it is never so Homely.
家虽不佳仍是家。

这句话是翻译家刘炳善先生翻译的，"家""佳""家"三个词绝妙地把英语中的"形美"转化成了汉语译文的"音美"。

国外一些著名的翻译理论家对翻译标准也有类似的论述。其中，中国翻译界比较熟悉的当属英国翻译家亚历山大·泰特勒（Alexander Tytler）1930年在《论翻译的原则》（Essay on the Principles of Translation）一书中提出的"翻译三原则"：1）"A translation should give a complete transcript of the ideas of the original work."（译文应完整再现原文的思想）；2）"The style and manner of writing should be of the same character as that of the original."（译文的风格和手法应与原文的性质相同）；3）"A translation should have all the ease of the original composition."（译文应与原作同样流畅）。

总的来看，翻译的标准有很多，其中有共性标准，也有个性标准。"神似"和"美感"等标准适用于小说、散文、诗歌等文学作品的翻译，译文语言应具有形象、生动等特点，从而给人以启发、感动乃至美的享受，这是翻译的个性标准。"准确""通顺"的标准适用于所有类型的翻译，这是共性的翻译标准。

第二节　翻译的方法

一、直译与意译

直译和意译是翻译的两种不同方法。从语言层面来看，直译的侧重点在"准确"，即译文应该尽量保留原文的语言形式；意译的侧重点在"通顺"，即为了如实传达原文的意义，需要改变原文的语言形式，改变成符合译文习惯的语言形式。直译和意译相辅相成，既对立又统一，二者在翻译过程中都是不可或缺的。

1. 直译

直译时一般不改变原文的用词、句子结构、修辞手段等，要尽量保持原文风格。必要时也可以根据需要对词序等略做调整，但是单词或词组的直译一般取其基本含义。

> **举 例**

1. Blood is thicker than water.
   血浓于水。
2. The Earth is humanity's shared home.
   地球是人类共同的家园。
3. 一国两制
   One country, two systems
4. 知识就是力量。
   Knowledge is power.

　　直译不等于死译。如果完全按照词对词翻译，照搬表层意义，就会变成生硬的死译。以下各例句的译文 1 就是生搬硬套的死译；译文 2 则符合汉语的习惯，显得通顺自然。所以，直译时也要注意译文的表达是否准确、通顺。

> **举 例**

1. You have my sympathy.
   译文 1：你有我的同情。
   译文 2：我同情你。
2. It was an old and ragged moon.
   译文 1：这是一个又老又破的月亮。
   译文 2：这是一弯下弦残月。
3. Nothing that has been done can be done better.
   译文 1：没有什么已经被做过的事情不能被做得更好。
   译文 2：任何事情都有改进的余地。

2. 意译

　　由于英汉语分属不同的语系，语言结构和表达形式在原文和译文中不可能完全对应。如果直译效果不好，则需采用意译的方法，使译文符合译入语的习惯，才能使读者更易接受。

> **举 例**

1. They say my story is a yawn.
   直译：他们说我的故事是个哈欠。
   意译：他们说我的故事很乏味。
2. Men who possess great character as well as genius have always been sure of their worth to the world.
   直译：拥有伟大人格和天才智慧的人总坚信他们对世界的价值。
   意译：拥有伟大人格和天才智慧的人总坚信天生我材必有用。

　　例句 1 中 yawn 的意思是"哈欠"。如果直译为"他们说我的故事是个哈欠"，显然不

简明英汉互译

准确；把 yawn 意译为"令人感到乏味的事"，才能准确传达原文的意义。例句 2 直译的译文也是可取的，并无错误。但是如果是文学作品的翻译，可以用符合译入语习惯的俗语或诗句"天生我材必有用"来传达原文的内容，译文就显得更地道、更精彩。

举 例

1. Elizabeth was born with a silver spoon in her mouth.
   直译：伊丽莎白是嘴里含着银勺子出生的。
   意译：伊丽莎白出生在富贵人家。
2. The world won't end if you don't pass a test.
   直译：如果你考试不及格，世界不会结束。
   意译：一次考试不及格，天不会塌下来。
3. I gave my youth to the sea and I came home and gave my wife my old age.
   直译：我把青春给了大海，我回到家里把老年给了我的妻子。
   意译：我把青春献给了大海，待我回到家见到妻子时已是暮年。

上述英译汉例句中意译的译文既忠实于原文，又符合汉语的表达习惯，更易于汉语读者接受。

举 例

1. 拳头产品
   直译：fist products
   意译：competitive products / knock-out products
2. 外向经济
   直译：outward economy
   意译：export-oriented economy
3. 使中国经济与世界接轨
   直译：make China's economy be linked with international economy
   意译：bring China's economy more in line with international practice

上述汉译英例子中直译的译文要么是死译，要么不够地道，意译的译文会更易于英语读者接受。

3. 直译 + 意译

有时候为了充分表达原文意义，可以采用直译和意译相结合的方法。

举 例

1. Until all is over ambition never dies.
   不到黄河心不死。
2. 他初出茅庐，什么也不懂。
   At the beginning of his career, he knows nothing.

例句 1 前半部分用了意译，把 until all is over 翻译成符合汉语习惯的表达"不到黄河"；例句 2 前半部分也是用了意译，把"初出茅庐"翻译成 at the beginning of his career，符合英语的表达习惯，两个例句的后半部分都是用了直译。直译和意译相结合，效果相得益彰。

译家之言

As literal as is possible, as free as is necessary.　　　　—Peter Newmark
直译尽其可能，意译按其所需。

二、异化与归化

异化与归化可以视为直译和意译的概念延伸，但是又不等同于直译和意译。直译和意译侧重语言层面，即如何处理形式和意义的问题；异化与归化则侧重文化层面，即如何处理原语言文化和译入语文化之间的差异问题。翻译是不同文化间的桥梁。在跨文化的翻译活动中，语言的文化内涵有时候是很难通过译文来传达的。例如，全世界华人都会称自己是"龙的传人"。"龙"在中国文化中是神圣且吉祥的象征。可是，dragon 一词在英语文化中是指"多头、嘴里喷火、吃人的妖怪"，与汉语中"龙"的文化内涵截然不同。因此，我们在翻译不同文化中无法对等的信息时，就必须进行文化转换，或"绕道而行"，只翻译比喻意义，或采用意译的方法，或加以注释等。

1. 异化

异化是指在翻译中尽量保留原文语言与文化特色，要求译者向作者靠拢，把译文读者带入外国情景，感受"异国情调"。

在我国，鲁迅先生是"异化"的首倡者。他主张"洋气""宁信而不顺"。五四新文化运动以来，有大量的词汇已通过异化的策略融入汉语中，丰富了汉语的词汇。例如，逻辑（logic）、沙发（sofa）、幽默（humor）、雪茄（cigar）等。还有一些源自《圣经》的词汇也已经通过异化翻译进入汉语。例如，天使（angel）、禁果（forbidden fruit）、乐园（paradise, Eden）、原罪（original sin）等。

汉语中有大量类似的"外来语"，都是异化翻译的结果。作家王朔说过："如果我们现在把外来语统统从汉语中剔除，我们就说不成话了。"可见，外来语不仅对于跨文化交流很重要，对于同文化群体的交流也是不可缺少的。

同样，英语中也有很多从汉语中异化翻译而来的外来语，例如，typhoon（台风）、kowtow（叩头）、yinyang（阴阳）、tofu（豆腐）等。

举 例

1. Unless you have an ace up your sleeve, we are dished.
   除非你袖中藏有王牌，否则我们输定了。
2. You speak like a green girl, unsifted in such perilous circumstance.
   你讲的话完全像是一个不曾经历过这种危险的不懂事的女孩子。

简明英汉互译

　　这两个例句都采用了异化翻译策略。例句 1 中的 an ace up your sleeve 异化翻译为"袖中藏有王牌"，既保留了原文中的比喻形式，又传达了原文中西方纸牌游戏的文化含义。例句 2 的译文由朱生豪所译，他翻译的莎士比亚戏剧是公认的佳译。这句话的原文出现在《哈姆雷特》(Hamlet) 第一幕第三场中，是波洛涅斯告诫女儿不要轻信哈姆雷特时说的话，译文就是用异化翻译而来的"欧化句式"。

译家之言

　　一切照原作，雅俗如之，深浅如之，口气如之，文体如之。　　　　——王佐良

2. 归化

　　归化是指在翻译过程中把原文中的文化特色尽量转换到译入语的语言和文化中去，变成让译文读者喜闻乐见的本土风味。特别是在翻译成语、典故时，如果能运用归化策略，则会很好地跨越文化差异的鸿沟，让译文显得地道自然，读者更易理解和接受。

举 例

1. When in Rome do as the Romans do.
   入乡随俗。
2. High buildings and large mansions are springing up like mushrooms in Shenzhen.
   在深圳，高楼大厦如雨后春笋般地涌现。

　　例句 1 是英语习语，原文的意思是"在罗马，就要像罗马人那样做事"。如果这样翻译，汉语读者会觉得意义不明了，而归化翻译为"入乡随俗"就意义明确得多，而且和汉语谚语意义一致。或者可以译为"到什么山上唱什么歌"，也非常形象生动。例句 2 中的 spring up like mushrooms（像蘑菇般地涌现），归化翻译为"如雨后春笋般地涌现"，更符合汉语的表达习惯，汉语读者也更易接受。

　　同样，汉译英时，也要尽量站在英语读者的立场上，尽量使用英语中类似的表达，使英语译文显得地道、生动。

举 例

腊月二十三灶王爷上天。
On the twenty-third of the twelfth lunar month, the kitchen god went up to heaven.

　　原文中的"灶王爷"是中国民间传说中掌管厨房的神，然而英语中没有类似的灶神，一般用 god 一词表示"上帝或某些宗教中主宰某个领域的神"。因此，本句归化翻译为 the kitchen god 更易于英语读者接受。
　　在很多情况下，异化和归化的译文都是可取的，各有特色。

举 例

1. Kill two birds with one stone.
   异化：一石二鸟。
   归化：一箭双雕。

2. 知人知面不知心。
   异化：You can know a man and his face but not his heart.
   归化：Appearances are certainly deceptive.

译海轶事

中国古典名著《红楼梦》有两个较权威的全译本，其中一个是由中国翻译家杨宪益和戴乃迭夫妇翻译的。为了让世界了解原汁原味的中国文化，他们采用异化策略，把书名译为 A Dream of Red Mansions。另一全译本是英国翻译家 David Hawkes 所译，为了让英语读者好读好懂，他把书名归化翻译为 The Story of the Stone。《石头记》的书名更符合英语读者的审美期待，译者在书中也大量采用归化策略处理文化冲突和文化缺项的语言信息，同样为传播中国文化做出了贡献。

由于文化差异，有些汉语中的谚语和成语不能直译为英语，例如，"妇孺皆知""杀鸡给猴看""舍不得孩子套不着狼"等，如果采用异化翻译，会令人难以理解甚至感到毛骨悚然。可以采用归化翻译或者意译法，只要译得准确，就可以获得期待的效果。

举 例

1. 妇孺皆知
   (be) well known / a household name
2. 杀鸡给猴看
   (to) punish someone as a warning to others
3. 舍不得孩子套不着狼。
   Danger can never be overcome without taking risks.

此外，更具体的翻译方法和策略还有：词汇方面的音译法、加注法、增词法、减词法、词类转换译法等；句法方面的正反转换译法等；文化方面的套译法（套用译入语中的俗语或谚语）等。俗话说，"翻无定论、译无定法"，翻译过程必须根据不同的文体与语境采取不同的翻译策略与方法，才能做到既忠实地表达原文含义，又使译文更具文采，才能实现翻译的语言价值和文化价值，为跨文化交流架起桥梁。

译家之言

For truly successful translating, biculturalism is even more important than bilingualism, since words only have meanings in terms of the cultures on which they function.
—Eugene Nida

要真正成功地做好翻译工作，熟悉两种文化甚至比掌握两种语言更重要，因为词语只有用在特定的文化中才有意义。

简明英汉互译

练 习 题

一、单选题

1. "信、达、雅"的翻译标准是 _____ 提出的,直至今日,在翻译界依旧影响深远。
   A. 林语堂　　　　　　　　B. 严复　　　　　　　　C. 许渊冲

2. _____ 在《论翻译的原则》一书中提出了著名的"翻译三原则",在西方翻译界几乎人人耳熟能详。
   A. Alexander Tytler　　　　B. Eugene Nida　　　　C. Peter Newmark

3. 小说、散文、诗歌等文学作品的翻译中强调的"神似"和"美感",是翻译的 _____。
   A. 共性标准　　　　　　　B. 个性标准　　　　　　C. 基本标准

4. 下列关于直译的论述正确的是 _____
   A. 直译就是逐字逐词翻译,不需要考虑原作的风格。
   B. 直译就是从意义出发,只要求将原文大意表达出来,不注意细节。
   C. 直译是指翻译时要尽量保持原作的语言形式,包括用词、句子结构、比喻手段等,还要保持原作的风格。

5. 下列译文采用直译法的是 _____
   A. I think you are pulling my leg.
      我认为你在开玩笑。
   B. I talked to him with brutal frankness.
      我对他讲的话,虽然逆耳,却是忠言。
   C. True gold doesn't fear the test of fire.
      真金不怕火炼。

6. 下列译文采用意译法的是 _____
   A. Don't cross the bridge till you get to it.
      不必过早担心。
   B. No feast lasts forever.
      天下没有不散的筵席。
   C. Those playing with fire will get burnt.
      玩火者必自焚。

7. 下列论述对归化策略理解正确的是 _____
   A. 归化策略要求译者向译文读者靠拢,采取译文读者习惯的表达方式传达原文的内容。
   B. 归化策略接受外语文本的语言及文化差异,把读者带入外国情景,要求译者向作者靠拢。
   C. 在翻译的过程中归化是第一位的,异化是第二位的。

8. "It is as significant as a game of cricket.",下列译文采用异化翻译策略的是 _____
   A. 这件事如同吃饭一样重要。

B. 这件事如同板球赛一样重要。
C. 这件事非常重要。
9. 下列译文采用归化翻译策略的是 _____
   A. 温故而知新。
      Reflecting on the past can make the present more understandable.
   B. 福娃是 2008 年北京奥运会的吉祥物。
      Fuwa is the mascot of the 2008 Beijing Olympic Games.
   C. 新官上任三把火。
      A new broom sweeps clean.
10. 下列译文有"翻译腔"的是 _____
   A. We have talked about coronavirus today.
      我们今天已经讨论过关于冠状病毒的事了。
   B. His opinion isn't accepted.
      他的意见大家都不接受。
   C. He always bears hardships first.
      他总是吃苦在前。

二、句子翻译

1. Little fish does not eat big fish.
2. Despair gives courage to a coward.
3. An indecisive man always sees a lion in the way.
4. Misfortune never comes singly.
5. Business is like riding a bicycle. Either you keep moving or you fall down.
6. 与君一席话，胜读十年书。
7. 中国一直在努力全面建成小康社会。
8. 他把我的忠告抛到了九霄云外。
9. 今日鄙人略备薄礼，不成敬意，望您笑纳。
10. 压岁钱，汉语中叫"红包"，是按传统在中国农历新年时给年轻人的，代表着长辈对年轻人的美好祝福。

三、段落翻译

在做翻译时，原作的思想必须尽可能保持不变。译者的任务只是转换文字而不是改变其思想。因此，翻译有两个要素：准确性与表达性（expressiveness）。准确性是翻译的首要标准。译者必须谨慎地遵循原作者的意思，所选用的字词和句式结构必须如实地传达出原文的意思。表达性是使译文易于理解，生动，具有魅力。

第二章

词义的对等与不对等

你知道
- "幽默"一词怎么来的吗?
- 什么时候 kill ≠ "杀","手" ≠ hand 吗?
- "朋友圈""纸老虎""中国人不吃这一套"怎么翻译吗?

简明英汉互译

第一节 英汉词义的对等关系

在词语的翻译过程中,首先碰到的是选择词义。英语语言中一词多义的现象非常普遍,同一个词或词组在不同的语境和搭配中往往出现不同的词义。因此,英汉词义的对等关系是我们需要注意的第一个问题。

一、完全对等

完全对等是指英汉词语在对方语言中可以找到词义完全对应的词语来表达,如科技语、专有名词和一些普通名词。翻译时可采用直译法。

举 例

1. aluminum   铝
2. carbon dioxide 二氧化碳
3. New York   纽约
4. 中国   China
5. 太阳   sun
6. 氧气   oxygen

二、完全不对等

由于社会文化、生活习俗、宗教信仰等不同,英汉语言中均有其独有的特色词汇,无法在译入语中找到对应的词语来表达,形成词义上的空缺,这就加大了翻译的难度。在词义完全不对等的情况下,常见的翻译策略有音译法、加注法、意译法等。

举 例

1. Twitter   推特
2. hippie   嬉皮士
3. 功夫   Kung Fu
4. 太极   Tai Chi
5. Big Apple   大苹果——纽约的别称
6. Shell   壳牌——能源公司
7. 鸿门宴   The Banquet at Hongmen—a feast or meeting set up as a trap for the invited
8. 文房四宝   the four treasures of the study—writing brush, ink-stick, ink-stone and paper
9. Adam's apple   喉结
10. 乌纱帽   an official post

上述例1至例4属于音译法,原文化词语直接进入译入语,形成译入语的新词、新语;例5至例8属于加注法,增补信息说明,有利于读者的理解和接受;例9和例10属于意译法,舍弃字面意思,求"神似"而放弃"形似"。

第二章　词义的对等与不对等

值得一提的是，随着文化间一次次的融合和碰撞，英汉语言均接纳了很多新词，使得有些词义空缺的情况变成词义的完全对等，这也是翻译活动的巨大作用。

举 例

1. humor　　　幽默　　　　5. 孔子　　　Confucius
2. logic　　　 逻辑　　　　6. 纸老虎　　paper tiger
3. tank　　　 坦克　　　　7. 点心　　　dim sum
4. talk show　脱口秀　　　8. 苦力　　　coolie

译海轶事

humor 的译法
- 国学大师王国维译为"欧穆亚"；
- 翻译家李青崖译为"语妙"；
- 语言学家陈望道译为"油滑"；
- 语言学家唐栩侯译为"谐穆"；
- 第一位将 humor 翻译为"幽默"的是林语堂先生，人称"幽默大师"。

这些绝妙的翻译在准确地传达意义的同时，又很好地保留了原语言的异国情调，达到了音意合一，可谓巧合之至。这充分体现了翻译者语言技巧和艺术手段的高超，同时也启示我们，作为翻译学习者，要不断地观察、研究、分析和总结经典的翻译案例，慢慢积累经验。

三、不完全对等

一般情况下，英汉语言词义完全对等和完全不对等的情况是较为少见的。两种语言均存在大量一词多义的现象，即英语中的某一词会有多个汉语词与之对应；同样，汉语中某一词的含义也会与英语中多个不同的词语相符。

以英语 cut 一词为例，其对应的汉语词义就有"剪""降低""割破"等。

举 例

1. Mrs. Haines stood nearby, holding scissors to cut a ribbon.
   海恩斯夫人站在旁边，手持剪刀准备剪彩。
2. The first priority is to cut costs.
   当务之急是降低成本。
3. He cut his finger when sharpening a pencil.
   他削铅笔时把手指割破了。

诸如此类的英语多义词不可胜数，而且一些多义词词义之多，令人吃惊。据统计，run 的词义有上百种，而 set 作动词的含义有 120 多种，作名词用有 60 余种词义。

同样，汉语中一词多义的现象也非常普遍。下面的例子中，汉语的词组"意思"与七个不同的英语词语对应。

举 例

1. 这篇文章的中心<u>意思</u>是什么？
   What's the central/main <u>idea</u> of this article?
2. 你是什么<u>意思</u>？
   What do you <u>mean</u>?
3. 天有点下雨的<u>意思</u>。
   It <u>looks like</u> rain.
4. 他这个人有<u>意思</u>。
   He is rather <u>humorous</u>.
5. 够<u>意思</u>，不过我的<u>意思</u>是你还是收下，不要不好<u>意思</u>。
   Really <u>kind</u> you are! But <u>I insist</u> that you should accept it. Don't <u>feel embarrassed</u>.

第二节　词义的选择、引申与转化

在英汉词义不完全对等的情况下，词语确切含义的选择构成翻译的最大难点。词语的翻译应从以下几个方面着手：

一、词义的选择

1. 根据词类选择词义

英汉语言均有一词多类和一词多义的现象。所谓"一词多类"就是指一个词具有一个以上的词类，且意思可能各有不同；"一词多义"是指一个词具有一个以上的词义。此时，如果不弄清楚词类，往往会搞错词义，影响对原文的正确理解和译文的准确性。因此，翻译时要通读句子，根据语法关系来辨别关键词的词类，进而确定其词义。

举 例

1. You are quite <u>right</u> to refuse.（形容词）
   你拒绝是完全<u>正确</u>的。
2. In KFC, we do chicken <u>right</u>.（副词）
   在肯德基，我们制作炸鸡的方法<u>恰到好处</u>。
3. You have no <u>right</u> to take risks with other people's lives.（名词）
   你没有<u>权力</u>拿别人的生命去冒险。
4. He had a knife in his <u>right</u> hand.（形容词）
   他<u>右</u>手拿着一把刀。

5. She tried her best to right her husband from the charge of robbery.（动词）
   她尽力为她丈夫被控抢劫申冤。

   上述五个句子中都含有 right 一词，根据其在每个句子中的语法功能，我们很容易判断出它的词类，然后根据词类确定其在句中的确切词义。
   同样，汉译英时，我们也要首先判断重点单词在句中的功能和词类，再选择确切词义。

> 举 例

1. 他是我父亲。（判断动词）
   He is my father.
2. 这姑娘是漂亮。（副词）
   This girl is really beautiful.
3. 此人是书就读。（形容词）
   This man reads every book he can reach.
4. 是可忍，孰不可忍？（代词）
   If this can be tolerated, what cannot?
5. 是古非今（动词）
   praise the past and condemn the present

2. 根据语境选择词义

属于同一词类的词语，往往也有不同的词义。因此，英汉互译中词义的选择还受到语言环境的制约，翻译时必须充分考虑其使用场合及上下文。正如王佐良所说："词义不是简单地一查词典就得，而是要看它用在什么样的上下文里。"
如 kill 一词，在不同的语境中，会产生不同的词义，不能仅仅翻译为"杀"。

> 举 例

1. Kill the goose that lays the golden eggs.
   杀死下金蛋的鹅。
2. I have to kill two hours before the train arrives.
   在火车到来前，我要打发两个小时的时间。
3. You are already killing it in the office.
   你在办公室已经如鱼得水了。
4. We finally killed the last of the turkey.
   我们终于把火鸡全部吃完了。
5. He is really a good comedian and almost killed me.
   他真的是个很好的喜剧演员，快笑死我了。

例句 1 中的 kill 译为其本意"杀死"，但是其他例句中 kill 一词的翻译，均需根据上下文语境分别做出调整："打发、消磨时间""使折服、使倾倒""吃完某种食物或喝光一瓶酒""逗得人捧腹大笑"。

同样，在汉译英的过程中，我们也要根据上下文的语境来确定所选的词义。

举 例

1. 他<u>手</u>里拿着一本书。
   He had a book in his <u>hand</u>.
2. 他<u>手</u>里抱着个孩子。
   He had a baby in his <u>arms</u>.
3. 他们<u>手</u>挽着<u>手</u>。
   They were <u>arm in arm</u>.
4. 她<u>手</u>上戴着一枚婚戒。
   She wore a wedding ring on her <u>finger</u>.
5. 他<u>手</u>上戴着一块手表。
   He wore a watch on his <u>wrist</u>.
6. 君子动口不动<u>手</u>。
   A gentleman uses his tongue, not his <u>fists</u>.

上面例句中"手"分别被译为 hand、arm、finger、wrist 和 fist，因为汉语"手"的词义广泛，在确定其词义时务必要依据上下文的语境。

3. 根据搭配选择词义

英汉语言中有些词在同一词类和相同意义的情况下，会与不同的词搭配，翻译时注意符合译入语的搭配习惯。

举 例

... yet, as it sometimes happens that a person departs his life, who is really deserving of the praises the stone-cutter carves over his bones, who is a <u>good</u> Christian, a <u>good</u> parent, a <u>good</u> child, a <u>good</u> wife or a <u>good</u> husband; who actually does have a disconsolate family to mourn his loss; ...

不过偶尔也有几个死人当得起石匠刻在他们朽骨上的好话。真的是<u>虔诚的教徒</u>，<u>慈爱的父母</u>，<u>孝顺的儿女</u>，<u>贤良的妻子</u>，<u>尽职的丈夫</u>，他们家里的人也的确哀思绵绵地追悼他们。（《名利场》，杨必　译）

本例中的五个 good 后面分别跟着不同的被修饰对象，译者本着"词无定译"的原则，针对其后搭配的不同词语做出调整，good 一词译得色彩缤纷，恰如其分。

good 一词和其他不同的词搭配，还可以具有更多词义。

举 例

1. a good listener　　　　善于倾听
2. a good example　　　　一个典型的例子
3. good food　　　　　　有益的食物
4. good brakes　　　　　安全的刹车
5. good manners　　　　举止得体

> **译家之言**
>
> 国与国之间的语言及文字有差别,这就需要在理解原作文风的基础上,仔细推敲用语表达。
> ——杨必

同样,下列例子中的"吃"字后面搭配了不同的词语,那么就要用不同的英语词组来表达。

举例

1. 吃药　　take the medicine
2. 吃醋　　be jealous
3. 吃亏　　suffer losses
4. 吃馆子　eat out
5. 吃得开　be popular
6. 吃官司　be sued
7. 吃喜酒　attend the wedding banquet
8. 吃闭门羹 be denied entrance at the door

那么,"中国人不吃这一套"该如何翻译呢?我们可以翻译为"We Chinese people do not buy it.",其中 buy 本意为"购买",此处引申为"接受",既表示中国人不接受对方的那一套,也暗示不再购买对方的东西,可谓一语双关。

4. 根据褒贬选择词义

英汉词语均有各自的褒贬色彩,翻译时必须正确理解原文的基本立场和态度,选择恰当感情色彩的词语来加以表达。

举例

1. The enemy killed one of our comrades and we killed an enemy agent.
   敌人杀害了我们一位同志,我们宰了一个敌特。(前褒,后贬)
2. That young man has a bright future before him as an artist.
   那个年轻人成为艺术家的前途光明。(褒)
   In the modern society, the future of that prisoner is quite clear.
   在现代这个社会,那名罪犯的下场显而易见。(贬)
3. This is our scheme for this term.
   这是我们本学期的计划。(中性)
   The enemy's scheme went bankrupt.
   敌人的阴谋破灭了。(贬)
4. 李教授的工作经验十分丰富。
   Professor Li is rich in working experience.(褒)
   我们应当从这里得出一条经验,就是不要被假象所迷惑。
   We should draw a lesson here: don't be misled by false appearance.(贬)
5. 由于党的政策,我国千千万万的人民走上了致富的道路。
   Thanks to the Party's policies, millions of the Chinese people are getting rich.(褒)

由于行为不良，他被开除了。
In consequence of his bad conduct, he was dismissed.（贬）

二、词义的引申与转化

在英汉互译过程中还会遇到以下情况：在词典上找不到恰当的词义。如果生搬硬套词典所给的字面意思，会让译文晦涩难懂，含糊不清。此时，应在理解该词的基础上，结合语境对原词进行引申和转化，选择贴切的词语来翻译。

1. 词义的引申

词义的引申就是在一个词所具有的基本词义的基础上，进一步加以引申，选择比较恰当的词义，使原文的"弦外之音"表达得更准确，译文更流畅。

举 例

1. The country not agreeing with her, she returned to England.
   她来这个国家后水土不服，于是回到了英国。
2. The way to meet people and make friends is to be around people.
   与人接触、结交朋友的方法就是要与大家打成一片。
3. Alice's girl friends were green with envy when they saw her new dress.
   爱丽丝的女友们看到她的新衣服都非常嫉妒。
4. Mary's father, by his first marriage, had a daughter, Jane, Mary's half-sister.
   玛丽的父亲在他第一次的婚姻中生了一个女儿叫简，即玛丽同父异母的姐姐。

在上面的四个例句中，划线词如果按照字面意思翻译分别是"不同意""在……周围""绿色的"和"半个姐姐"，放在这里会让读者不知所云，译文无法达意，因此需要根据词义进行引申翻译，才能把原文的信息充分传达出来。

译 海 拾 贝

英语中颜色词的引申含义

◇ green-eyed	嫉妒、眼红
◇ a green hand	菜鸟、新手
◇ paint the town red	寻欢作乐、纵情享乐
◇ black sheep	害群之马
◇ in a blue mood	情绪低沉
◇ black and blue	青一块紫一块
◇ white war	没有硝烟的战争（常指"经济竞争"）
◇ a white lie	善意的谎言
◇ in the pink	很健康

第二章　词义的对等与不对等

同样，汉译英的时候，很多词语也不能照搬词典里给出的对应词，需要根据具体的语境将词义加以引申，否则译文的读者无法理解其中的内涵。例如，在汉语宣传标语的翻译过程中，词义的引申就必不可少。

举 例

1. 有困难，找警察。（找 ≠ find）
   Have problems? Please contact the police.
2. 发展是硬道理。（硬 ≠ hard）
   Development is the top priority.
3. 争取运动成绩与精神文明双丰收（精神文明 ≠ morals；丰收 ≠ good harvest）
   For better athletic records and sportsmanship
4. 行李寄存（寄存 ≠ deposit）
   Luggage Service

其实，在"微信"及其相关功能的英文版表达里，我们也可以体会到词义引申的重要性。

举 例

1. 微信　　　　WeChat
2. 朋友圈　　　Moment
3. 收藏　　　　favorite
4. 转发朋友圈　share something on Moments
5. 关注公众号　follow the public account
6. 取消关注　　unfollow
7. 聊天记录　　chat history
8. 群昵称　　　alias

上述例子中，我们可以看到"微信"没有取字面意思 microletter，而是引申为 WeChat，既与"微"字谐音，又有"我们聊天"的意思，可谓既谐音又达意；"朋友圈"也没有直译为 friend circle，而是根据其功能"记录生活瞬间"，引申译为 Moment；"转发朋友圈"没有生搬硬套译为 transmit Moments，反而引申译为 share something on Moments；"收藏"从 storage 的字面意引申译为 favorite，因为这里面主要是收藏自己喜欢的内容；"关注/取消关注公众号"也没有死译为 focus/cancel the public account，而引申译为 follow/unfollow the public account，表示密切关注或不再关注公众号更新的内容；"聊天记录"不取字典中的 record 一词，而引申为 chat history，一语中的；"群昵称"亦选取 alias（别名、化名）一词，而不是 nickname（绰号），更为准确。

2. 词义的具体化

英汉互译中，还经常需要将原文中词义概括、笼统、抽象的词转化为意思比较明确、具体的词，以避免译文概念不清，晦涩难懂。

举 例

1. The Great Wall is a must for most foreign visitors to Beijing.
   对大多数游览北京的外国游客来说，长城是必不可少的参观项目。

23

简明英汉互译

2. In two years, he was a national phenomenon.
   两年以后，他成了风靡全国的杰出人物。
3. 他每天要处理许多难题。
   He has many hot potatoes to handle every day.
4. 每个人的生活都有苦有乐。
   Every life has its roses and thorns.

上述例句中，must 和 phenomenon 都是含义较为笼统的英文单词，但是翻译成汉语时必须指出其特指的物或人，才能让读者明白；同样，"难题"和"苦乐"词义笼统，英译时处理为 hot potatoes 和 roses and thorns，具体而又形象。

3. 词义的抽象化

此外，我们在翻译中也会遇到下列情况：原文用形象具体的词来表示一种属性、一个事物或一种概念。翻译这类词时，一般将其转化为较为抽象的词，使之更符合译入语的表达习惯。

举 例

1. Rich and powerful, he always goosesteps on the street.
   他有钱有势，在街上总是耀武扬威，横行霸道。
2. He is in critical condition, see-sawing between life and death.
   他的病情危机，时好时坏，在生死之间徘徊。
3. 他只知道马走日，象走田。
   He only knows the basic moves of Chinese chess.
4. 城市交通四通八达。
   The city enjoys convenient transportation facilities.

上述例句中，goosestep 和 see-saw 是两个具体的形象特征词："鹅步"和"跷跷板"，翻译的时候将两个词所代表的抽象属性传达出来，使得原文的形象描述得以准确传达；同样，"马走日，象走田"和"四通八达"也是汉语中极其形象传神的具体化表达，在英语译文中均抽象化为 the basic moves 和 convenient，更符合英文的表达习惯。

总之，词义的引申和转化是为了让译文更忠实于原文，更通顺和完整地表达原文的意思。但值得注意的是，词义的引申和转化必须从原文词语的基本词义出发，不能脱离上下文任意发挥。正如王佐良所言："译者在寻找与原文相当的'对等词'的过程中，就必须充分认识到，真正的对等应该是在各自文化里的含义、作用、范围、情感色彩、影响等都相当。"

练 习 题

一、单选题

1. 以下词语翻译中，词义不完全对等的是 _____。
   A. 牛 cow   B. 太平洋 the Pacific Ocean   C. 台风 typhoon
2. 以下短语翻译中，对"书"一词处理不准确的是 _____。
   A. 协议书 agreement   B. 申请书 letter of application   C. 家书 home book
3. These reforms were in the best interests of local government.
   以下英文句子中的 interest 与所给例句中的 interest 具有相同的词类和词义的是 _____
   A. Each company is fighting to protect its own commercial interests.
   B. After the accident, she took no interest in the people and things around her.
   C. There are many places of interest near the city.
4. 以下句子中，对划线部分的词义转化处理不正确的是 _____
   A. 木已成舟，我们能不能就别再提了。
      What's done is done. Can't we just move on?
   B. 他的父母对他是牵肠挂肚。
      His parents were full of anxiety and worry for him.
   C. 听到这个消息，我们热血沸腾。
      The news made our blood boil.
5. 下列句子翻译用词正确的是 _____
   A. 上海的交通很拥挤。
      The traffic is very crowded in Shanghai.
   B. 赌博是一大公害。
      Gambling is a public hazard.
   C. 谁是这辆车的主人？
      Who is the host of this car?

二、句子翻译

1. I am greatly flattered by your invitation.
   Don't be deceived by her flatters.
2. She appeared pleased to see us, and we soon felt at home.
   The whole family are Chelsea fans, and attended all home games together.
3. The professor guided us to see the problem in a new light.
   The young man went to the new city with a light heart.
4. 这是我头一次坐地铁上班。
   让我们从头读起。

5. 我玩游戏太入神了，有人进来我都没注意到。
   这些家具没有一件她看得入眼的。

三、段落翻译

  京剧（Beijing Opera）被誉为"东方歌剧"，是地道的中国国粹（national quintessence）。它起源于中国多种古老的地方戏剧，特别是南方的"徽班（Huiban）"。到了19世纪末，京剧已成为中国最大的戏曲剧种。京剧是综合性表演艺术，集唱（singing）、念（speaking）、做（acting）、打（martial arts）、舞（dancing）为一体，通过程式化（stylized）的表演手段，叙述故事，刻画人物。角色主要分生（Sheng）、旦（Dan）、净（Jing）、丑（Chou）四大行当（types of roles）。

> 注释
> "生、旦、净、丑"的两种译法：
> 1. 音译法：Sheng, Dan, Jing, Chou
> 2. 意译法：male roles, young female roles, male roles with painted faces, clown

第三章

增词法与减词法

你知道
- "不自由,毋宁死"怎么翻译吗?
- "人无远虑,必有近忧"怎么翻译吗?
- "乘风破浪"怎么翻译吗?

第一节　英汉语法表达手段差异

形态变化、词序和虚词是语法表达的三大手段。英汉两种语言在语法表达手段上存在巨大差异，具有不同的特征。英语主要依靠形态变化来表达语法意义，同时以灵活的词序和丰富的虚词来表达语法关系；汉语没有形态变化，用词序和虚词来表达语法意义。

一、形态变化的差异

英语的形态变化主要是动词、名词、代词、形容词及副词的变化，以及上述词类的词缀变化。例如，英语的名词有单复数形式，动词有时态、语态、情态、第三人称单数等变化，形容词和副词有比较级和最高级的变化，而汉语词语没有严格意义上的形态变化。

举 例

1. 我给他一本书。　　　　　　　　I gave him a book.
2. 他已给我两本书。　　　　　　　He has given me two books.
3. 他爸爸常常给他一些书。　　　　His father often gives him books.

汉语的"我""他"没有形态变化，同一个词可以表示主格、宾格或所有格；"书"没有形态变化，可以表示单数或复数；动词"给"也没有形态变化，可以表示现在、过去或已完成的行为。但英语对应的代词（I、me、he、him、his）、名词（book、books）、动词（gives、gave、has given）却有所有格、复数和时态等丰富的形态变化。

二、词序的差异

英语词序相对灵活，是因为多样的形态变化和丰富的连接词。形态变化规则要求英语句中词语之间保持语法关系一致，因此即便变换词序，也仍然具有很强的可识别性；汉语则缺乏形态变化，没有语法一致的要求，通常按照表意的需要排列词序，少用或不用连接词。

举 例

轮到你时，再抓一张牌。
译文1：When it's your turn, take another card.
译文2：Take another card when it's your turn.

以上例句中，由when引导的时间状语从句，无论在句首还是在句尾，都可以通过连词when清晰地辨识出来。大量使用连词是英语词序灵活的重要原因之一，体现了连词在英语语言中的重要作用。

三、虚词的差异

英语和汉语中都有虚词。英语的虚词包括冠词、介词、助动词、并列连接词和从属连接词等；汉语的虚词包括介词、助词和连词等，但其用法各有特点。

第一，英语经常使用定冠词和不定冠词，这是英语的一大特点；汉语则没有冠词。

第二，汉语有丰富的助词，例如，动态助词（着、了、过）、结构助词（的、地、得）和语气助词（吗、呢、吧、啊、嘛、呀、哪）等；英语则是借助形态变化、语序变化等手段来表达相应的语气和含义。

第三，英语常用介词，汉语则少用介词。英语介词除了单独作为一类词使用外，还可以构成形式多样的合成介词，因此其数量和使用频率都远超汉语。

基于上述差异，在英汉互译过程中，译者需要适当处理这些差异造成的信息空白或冗余，或增加原文中的隐含意义，或省去累赘多余的信息。正如美国作家泰勒所说："There is no mathematics without plus or minus, which holds good for translation."（没有加减就没有数学。同样，没有加减也就没有翻译）。

第二节 增词法

增词法（Amplification）是指在翻译时根据语法、语义或修辞上的需要，增加一些词语来表达原文的思想内容，减少因语言文化差异带给译文读者的信息缺失或理解障碍。

一、英译汉中的增词法

1. 语法上的增词

英汉语法存在诸多差异，在翻译时，常常需要借助增词法弥合两种语言之间的不同，准确传达原文信息。

（1）增加表示时态的词

在英语中，时态的表达通常是通过改变动词的形式或添加助动词来实现的，而汉语通过具体的时间标志词或者句子之间的逻辑关系来体现时空概念。因此，英译汉时，常常增加一些词，如"曾经""已经""了""现在""正在""将要""准备"等，表达出原文的时间概念。

举 例

1. She is going back to school next week.
   她<u>准备</u>下周回学校上学。
2. Inflation was and still is the top concern of the country.
   通货膨胀<u>过去是</u>、<u>现在</u>依然是该国的首要问题。

3. She came to our college in 1998, and she had worked in a research institute for years.
她1998年来到我们学院。在那以前，她在一个研究所工作了很多年。

（2）增加表示复数的词
英语可数名词有单、复数之分，汉语则没有。英译汉时，需要用数量词组、名词重叠以及带数字的词组来表达类似的意义。

举 例

1. Flowers bloom all over the yard.
朵朵鲜花开满了庭院。
2. The students are listening carefully.
学生们在认真听课。
3. The banks of the river are covered with grass.
河的两岸长满青草。

（3）增加量词
英语通常是用数词或冠词直接修饰名词，没有专门的量词（尽管有少数名词可以起量词的作用）。汉语有丰富的量词，使名词的表达更加生动形象。在英汉翻译的过程中，需要增加量词。

举 例

1. A red sun rose slowly from the calm sea.
一轮红日从平静的海面冉冉升起。
2. The little boy was expecting a handsome toy car for his birthday.
男孩期待生日时候会收到一辆帅气的汽车玩具。
3. Autumn is a second spring when every leaf is a flower.
秋天是春天的延续，每一片树叶都是一朵鲜花。

（4）增加语气词
英语借助形态变化、语序变化和助动词等多种手段，表达语气。汉语中则拥有丰富的语气助词，例如，"吗""呢""吧""啊""嘛""呀""哪"等，表达不同的语气色彩。英译汉时，常根据语境需要添加语气词。

举 例

1. Come on, everybody!
大家加油啊！
2. What a beautiful voice you have!
你有多么好的嗓音呀！
3. You might drop the "sir" in private.
私下里，你就不要"阁下、阁下"的啦。

（5）增加省略的部分

英语行文忌重复，常省略之前提过的内容，而汉语常采用重复的手法，力求表达准确、搭配得当或加强语气。因此，在英译汉时，需要根据原句的实际意义，补充原文省略的部分。

举 例

1. He majors in physics and his brother in art.
   他主修物理，他弟弟<u>主修</u>艺术。
2. On his fishing trip, he caught three fish and a cold.
   他外出垂钓，钓得鱼儿三条，<u>害了</u>感冒一场。
3. Michael was madly in love with her, and she was with him.
   迈克疯狂地爱上了她，她也<u>疯狂地爱上了</u>迈克。

2. 语义上的增词

语义上的增词是指补充原文中隐含的信息，以保持译文的可读性和完整性，避免因为表达差异导致的信息缺失。

（1）增加名词

英语中的一些不及物动词，本身包含了宾语的含义。在译为汉语时，需要将其隐含的宾语信息明确地表达出来，使意义表达准确完整。

举 例

1. Julie washes before meals.   朱莉饭前洗<u>手</u>。
2. Julie washes after getting up.   朱莉起床后洗<u>脸</u>。
3. Julie washes for a living.   朱莉靠洗<u>衣</u>为生。
4. Julie washes in a restaurant.   朱莉在饭店洗<u>碗</u>。

此外，英语中很多抽象名词，在译为汉语时，需要加上相应的范畴词，如"措施""关系""现象""工作""状态"等，以符合汉语的表达习惯。

举 例

1. The remedy you proposed is neat and easy, but impossible.
   你提的补救<u>措施</u>倒是干脆利落轻而易举，但是行不通。
2. The intimacy between them can be found at the first sight.
   他们之间的亲密<u>关系</u>一眼就能看出来。
3. For many years there has been serious unemployment in that country.
   多年来那个国家一直存在严重的失业<u>问题</u>。

（2）增加形容词

根据原文所要表达的含义，结合上下文语境，适当增译形容词，使译文表达更加确切到位。

简明英汉互译

> **举 例**

1. An unreasonable quarrel often interrupts an argument.
   无谓的争吵会断送<u>有益的</u>辩论。
2. When I say Chinese food, I mean Chinese food.
   当我说中国菜时，我说的是<u>正宗的</u>中国菜。
3. Deflation has now reached unprecedented level.
   通货紧缩现在已经到了空前<u>严重</u>的地步。

3. 文化上的增词

各个国家在历史背景、风俗习惯、宗教信仰等诸多方面存在差异，语言也必然会有不同的表达习惯。因此，在翻译中经常需要添加必要的解释，来弥合不同语言之间的差异。

> **举 例**

1. The blond boy quickly crossed himself.
   那个金发小男孩立刻在胸前划起十字，<u>祈求上帝保佑</u>。
2. The young man was dressed up as the pleasing Cupid in the masquerade.
   这个年轻人在化装舞会上装扮成讨人喜欢的爱神丘比特。
3. Instead of being Gorgon he had expected, she was young and remarkably pretty and lovely.
   她并非他所预想的，<u>那种看谁一眼就把谁变成石头的女妖高根</u>，而是个年轻可爱的美人。
4. The electronic engineers are now engaged in erecting a new Tower of Anti-Babel.
   电子工程师们正在努力建起一座新的反巴别尔塔，<u>来扫除人们之间的语言障碍</u>。

> **译家之言**
>
> 翻译最大困难是什么呢？就是两种文化的不同。在一种文化里头有一些不言而喻的东西，在另外一种文化里却要费很大力气加以解释。　　——王佐良

4. 修辞上的增词

翻译即创作。在忠实于原文内容的原则下，译者常常通过添加一定的表述性语言，进行创造性的翻译，充分体现译者透彻的理解力和深厚的语言功力。

> **举 例**

1. Virtue is the beauty of the mind.
   美德乃心灵之美，<u>而非肌肤之秀</u>。
2. Many people, men and women, old and young, gathered in the park, where there are trees, flowers, grassland, birds and laughter.
   男男女女、老老少少都汇集到公园里，那里树木<u>葱郁</u>，鲜花<u>盛开</u>，草地青青，鸟儿<u>歌</u>唱，笑声<u>阵阵</u>。

二、汉译英中的增词法

1. 语法上的增词

（1）增加主语

汉语中存在大量的无主句，汉译英时，需要根据上下文的意思增加适当的代词或名词作主语。

举 例

1. 怕是要下雨了。
   I am afraid that it is going to rain.
2. 不坚持，就会失败。
   One is sure to fail unless he perseveres.
3. 知之为知之，不知为不知，是知也。
   It is wise to admit what you know and what you don't know.

（2）增加连词

汉译英过程中，需要厘清句子之间的逻辑关系，遵循英语的语言习惯，增加必要的并列连词或从属连词。

举 例

1. 不自由，毋宁死！
   Give me liberty or give me death.
2. 生如夏花般灿烂，死如秋叶之静美。
   Let life be beautiful like flowers and death like autumn leaves.
3. 你在桥上看风景，看风景的人在楼上看你。（卞之琳）
   When you watch the scenery from the bridge, the sightseer watches you from the balcony.（杨宪益、戴乃迭 译）

（3）增加介词

汉语的介词使用频率较低，而英语中介词的用法非常活跃。因此在汉译英时，常常根据英语表达习惯增加介词。

举 例

1. 哥伦布 15 世纪到达美洲。
   Columbus arrived in America in the 15th century.
2. 山顶上有一座寺庙。
   There is a temple at the top of the mountain.
3. 以往很多年我们对于这个海岛上的生活情况所知甚少。
   For years we had little knowledge of the life on the island.

（4）增加代词

汉语中，代词的数量不如英语中的丰富，因此在汉译英时，常常需要根据具体情况增加代词，如人称代词（we、you）、物主代词（your、his）、不定代词（one、ones）等。

举 例

1. 不要把手揣在口袋里。

   Don't put your hands in your pockets.

2. 这本新书比那本旧的便宜。

   This new book is cheaper than the old one.

3. 人无远虑，必有近忧。

   If a man takes no thought about what is distant, he will find sorrow near at hand.

（5）增加冠词

汉语没有冠词，而英语的冠词使用广泛，汉译英时常常需要根据英语的表达习惯增加必要的冠词。

举 例

1. 医生应该对患者有耐心。

   A doctor should be patient to patients.

2. 月亮慢慢从海上升起。

   The moon was slowly rising above the sea.

3. 据说他是家族里面最聪明的。

   He was said to be the most intelligent in his family.

2. 语义上的增词

汉语语法灵活，只要能够达意，语言形式上可以有很多变化和省略。汉译英过程中，正如刘宓庆所说，"在处理每一个语段时，必须试做'完型分析'，力图捋清每一个非完整句（或词组）的结构"。因此翻译过程中，要根据语境，补充原句中省略的部分或者隐含的信息，使译文准确易懂。

举 例

1. 大家都知道朝鲜战场是艰苦些。

   Everyone knows that life on the Korean battlefield was rather hard.

2. 要提倡顾全大局。

   We should advocate the spirit of taking the whole situation into consideration.

3. 结婚大办酒席，实在可以免去了。

   The practice of giving lavish feasts at weddings can well be dispensed with.

3. 文化上的增词

在汉译英的过程中，很多背景信息对于汉语读者来说是不言而喻、无须赘述的，而对于译文读者而言却困惑难懂。为了能够充分有效地传递原文信息，常采用增词法添加必要的解释。

举 例

1. 传说中，济公是劫富济贫的民间英雄。
   Legend has it that Ji Gong, Chinese Robin Hood, was a folk hero robbing the rich to help the poor.
2. 西安是一座历史文明之都。著名的秦始皇陵兵马俑就坐落于此。
   Xi'an is an ancient capital with history and culture and it also boasts the Terracotta Warriors and Horses of Mausoleum of Qing Shihuang, the first emperor of China.
3. 这对夫妇看上去并不相配，一个是西施，一个是张飞。
   This couple doesn't seem well-matched. One is like Xishi, a famous Chinese beauty, while the other is like Zhang Fei, a well-known ill-tempered brute.

译 海 拾 贝

幽默笑话中的增词

1. The professor tapped on his desk and shouted, "Young men, order!"
   The entire class yelled, "Beer!"
   教授敲击桌子喊道："你们吆喝（要喝）什么？"
   学生们齐声喊："啤酒！"
2. ——What kind of money do girls like the most?
   ——Matrimony.
   ——女孩子们喜欢什么钱（日元还是美元）？
   ——良缘。

第三节　减词法

减词法（Omission）指将原文中必要而译文中却不需要的词语进行删减。所减之词应是那些会使译文累赘啰唆且不合译入语表达习惯的词语。

简明英汉互译

一、英译汉中的减词法

1. 减省连词

英语中的并列连词 and、or、but 等，翻译时常常会根据具体情况省略。

举 例

1. He looked gloomy <u>and</u> troubled.
   他看上去有些忧郁不安。
2. There were six <u>or</u> seven of us there.
   我们有六、七个人在场。
3. Forgive others <u>but</u> not yourself.
   待人宽，对己严。

此外，英语中的从属连词和关系词，译为汉语时也可以酌情省略。

举 例

1. We knew spring was coming <u>as</u> we had seen a robin.
   看见了一只知更鸟，知道春天快要到了。
2. <u>If</u> winter comes, can spring be far behind?（Shelley）
   冬天来了，春天还会远吗？
3. Let's think of a situation <u>where</u> this idiom can be used.
   我们来想一个可以使用这个习语的情景。
4. <u>That</u> she lacks experience is obvious.
   她缺少经验，这是显然的。

译家之言

在英文里，词性相同的字眼常用 and 来连接，例如, man and wife、you and I、back and forth。但在中文里，类似的场合往往不用连接词，所以只要说"夫妻""你我""前后"就够了。……中国人绝不说"开门七件事，柴、米、油、盐、酱、醋以及茶"，谁要这么说，一定会惹笑。　　　　　——余光中

2. 减省代词

英语代词的使用频率远远高于汉语，而汉语中除了必要的情况外，尽量避免过多使用代词，以免重复累赘。因此，英译汉时需要按照汉语语言习惯将原文中的一些代词省略。

举 例

1. If <u>you</u> know the frequency, <u>you</u> can find the wave length.
   知道频率，就能求出波长。

2. Mr. White put his pipe down, crossed his hands behind his neck, and turned his face towards the window.
怀特先生放下烟斗，两手交叉着放在脖子后面，转过头去面对窗户。
3. It is easy to be wise after the event.
做事后诸葛亮当然容易了。

3. 减省介词

　　表示时间和地点的英语介词和介词短语，尤其是放在句首的情况下，在译成汉语时，通常会省略。

举　例

1. In me the tiger sniffs the rose.
心有猛虎，细嗅蔷薇。（余光中　译）
2. On Monday, he would have to return to his regular duties.
星期一，他就得回去正常上班了。
3. Do you fly to Shanghai in the day time or at night?
你是白天还是晚上飞上海？

4. 减省冠词

　　英语常用冠词，而汉语没有冠词，故英译汉时一般省略冠词。

举　例

1. The fox may grow grey, but never good.
狐狸会变老，但是不会变好。
2. A wise man will never make such mistakes.
聪明的人从来不会犯这样的错误。
3. An insecure computer system is an open door to criminals.
不安全的电脑系统给罪犯提供了可乘之机。

译海轶事

　　《名利场》是著名翻译家杨必的经典译作，半个多世纪以来被文学翻译界奉为不可多得的佳译范本。该译作的翻译风格以及书名灵感，都得到了钱锺书先生的指点，最终译本也经过杨绛先生"点烦"，最终成就了杨绛口中的"杨必师生、杨绛姊妹合作的'师生姊妹之作'"，可谓英语文学翻译史上一段佳话。杨绛先生的"点烦"论，即"简掉可简的字"，减掉大批"废字"，使译文洗练，明快流畅，在翻译界有重要的影响。

简明英汉互译

二、汉译英中的减词法

1. 减省范畴词

汉语中的范畴词，如"问题""情况""状态""制度""事业""局面"等，在翻译为英语时一般省略不译。

举例

1. 近些年，环境<u>问题</u>人们极为关注。
   The environment is of great concern in recent years.
2. 他笑着掩饰自己的紧张<u>情绪</u>。
   He smiled to cover his nervousness.
3. 本次会议讨论的重点是世界经济发展<u>状况</u>。
   The conference will focus on the development of the world's economy.

2. 减省重复的词或短语

汉语语言讲究工整对仗，讲求音律美，常用重复的手法来体现文采，进行强调或者增强语气。英语则力求简洁，避免冗余，用词精练，点到为止。汉译英时，通常减省重复的内容，只翻译出核心的含义。

举例

1. 乘风破浪 sail with the wind　　（无须译作 sail with the wind to carve open the waves）
2. 不屈不挠 uncompromising　　（无须译作 uncompromising and unyielding）
3. 简单明了 concise　　（无须译作 concise and clear）
4. 花言巧语 fine words　　（无须译作 fine and smart words）

汉语中的排比句是一种常用的写作句式，朗朗上口，具有气势之美，但译为英语时，遵循英语力求简约的语言风格，通常减省或合并重复的部分。

举例

1. 一定要增强党<u>自我</u>净化、<u>自我</u>完善、<u>自我</u>革新、<u>自我</u>提高的能力。
   It is imperative to strengthen the Party's ability to purify, improve, and reform itself.
2. 必须贯彻党的基本理论、<u>基本</u>路线、<u>基本</u>方略。
   We must implement the Party's basic theory, line and policy.
3. 我们要忠于党、<u>忠于</u>人民、<u>忠于</u>祖国。
   We should be loyal to our Party, to our people and to our motherland.
4. 一个时代有<u>一个时代</u>的问题，一代人有<u>一代人</u>的使命。
   All ages and generations have their own challenges and missions.

3. 减省冗余修饰词

汉语多使用一些修饰词语，如"彻底""不断""持续""强烈"，在翻译为英语时，要省略冗余信息，去掉不必要的修饰语，以符合英语的简练风格。

举　例

1. 重点强调　　stress　　　　（无须译作 emphatically stress）
2. 不断深入　　deepen　　　　（无须译作 continuously deepen）
3. 持续扩展　　expand　　　　（无须译作 continuously expand）
4. 再次重复　　repeat　　　　（无须译作 repeat once again）

综上所述，在翻译实践中，遵循"增词不增义、减词不减义"的原则，为表达明晰而增词，为简约流畅而减词。正确运用增减词译法有助于适度优化译文语言，提高译文的可读性，使译文与原文灵活对应。是否能够灵活准确地应用增词法和减词法，考验的是译者对两种语言的理解和驾驭能力，因此，翻译学习者需要同时提高两种语言的表达能力，从而提高翻译水平。

练　习　题

一、单选题

请选出较好的译文。

1. Air pressure decreases with altitude.
    A. 气压随海拔高度而下降。
    B. 气压随海拔高度的增加而下降。
2. Remember that a watched pot never boils.
    A. 要记着，眼睛盯着看的水壶不会开，凡事心急是没有用的。
    B. 要记着，眼睛盯着看的水壶不会开。
3. 他们关心我们的利益，我们也关心他们的利益。
    A. They have our interest at heart as we have theirs.
    B. They have our interest at heart as we have their interest at heart.
4. 他们的乐观主义精神令我们大为感动。
    A. We were greatly moved by their optimism.
    B. We were greatly moved by their spirit of optimism.
5. 三个臭皮匠，赛过诸葛亮。
    A. Three cobblers with their wits combined equal Zhuge Liang.
    B. Three cobblers with their wits combined equal Zhuge Liang, the mastermind.

简明英汉互译

二、句子翻译

1. 知道答案的请举手。(增补代词)
2. 这两种观点有根本区别。(增补介词)
3. 就是小孩也能回答这个问题。(增补冠词)
4. 昨天身体不适,他没能按时赴约。(增补连词)
5. 一切准备工作就绪后,飞机就飞往欧洲了。(减省范畴词)
6. Cease to struggle and you cease to live. (减省连词)
7. He is still convinced that I was making a joke. (增补表示时态的词语)
8. You will find our holiday inn caring and comfortable. (增补名词)
9. In China, it is rude to leave your chopsticks standing up in a bowl of rice. (减省代词)
10. In every Chinese city, we got into the streets, shops, parks, theatres and restaurants. (增补省略的动词)

三、段落翻译

  深受中国儒家(Confucianism)"和(harmony)"的思想影响,中国人自古以来喜欢一起吃饭。圆桌、圆盘和圆碗都象征着团团圆圆、和和美美。盘子通常放在桌子的中央,这样围坐在桌边的每个人都可以吃得到。一锅热汤,尤其可以增加和谐欢乐的气氛。朋友们在一起大快朵颐、浅斟低酌、谈天说地,乃人生快事。一位德国汉学家(sinologist)在他最近的一本书中写道,中国人传统的集体观念(collective concept)就是与一同吃饭的习惯密不可分的。

第四章

静态与动态

你知道
- "不看不知道，一看吓一跳"怎么翻译吗？
- "我命由我不由天"怎么翻译吗？
- "你下班了吗"怎么翻译吗？

第一节　英语的静态与汉语的动态

英语语法有严格的形态变化规则，动词形态不仅有不定式、现在分词、过去分词的区分，还有时、体、态及语气的变化。此外，句子的谓语动词还要与主语的人称与数量保持一致，因此英语中动词的使用十分谨慎，而形态相对稳定的名词、介词、形容词在英语中使用频繁，所以英语呈静态（static）。与英语相反，汉语的动词没有形态变化的约束，使用起来十分自由、简便，因此汉语有动辄使用动词的习惯，呈动态（dynamic）。试比较：

举 例

1. Water works for weight loss.
   经常喝水有利于减肥。
2. There will be people willing to help you ward off all the evils in the world.
   会有人帮你挡住这世上所有的恶意。

例句 1 原文只有一个动词 work，而汉语译文则需要三个动词："喝水""有利于""减肥"；同样，例句 2 原文只有一个动词 will be 统领，其他动词只能是非谓语动词形式：willing（动词现在分词）、to help（动词不定式）和 ward off（省略 to 的动词不定式），而汉语译文中这些动词（"会""帮""挡住"）没有形态变化。由此，英汉的静动之分可见一斑。

译家之言

英语倾向于多用名词，因而叙述呈静态；汉语倾向于多用动词，因而叙述呈动态。

——连淑能

一、英语的静态倾向

英语的静态表现是多方面的：在句法方式上，多使用非谓语动词（如现在分词、过去分词和不定式）、省略动词（如 be 或谓语成分）、动词名词化等；在词汇方式上，多采用非动词形式（如名词、介词、形容词、副词）来表达动词的意义。

1. 使用非谓语动词和省略谓语现象

举 例

1. She went to the hospital to see her teacher.（动词不定式）
   她去医院看望了她的老师。

2. She came back, holding flowers in her hands.（现在分词）
   她捧着花回来了。
3. Wrong cannot afford defeat, but Right can.（后半句省略 afford defeat）
   错误经不起失败，但是真理却不怕失败。

2. 动词的名词化现象

名词化（Norminalization）是指用名词来表达原本属于动词（或形容词）所表达的概念，即用抽象名词来表达动作、行为、变化、状态、品质、情感等概念，如 admire–admiration、examine–examination、recover–recovery。英语中，这种动词名词化表达法使用非常普遍，它可以使表达比较简洁，造句比较灵活，也便于表达较为复杂的思想内容。

举 例

1. His timely arrival prevented a fierce fighting.
   辛亏他及时赶到，才制止了一场恶斗。
2. We had a long discussion before we reached an agreement.
   我们讨论了很久才达成协议。
3. The lifestyle has found its growing acceptance among young people.
   这种生活方式已被越来越多的年轻人接受。

很明显，上述三个例句均用名词化的形式 arrival、discussion、acceptance 表达了原本属于动词 arrive、discuss、accept 的概念，静态倾向明显。

英语除了用抽象名词表示行为和动作等概念外，还大量使用动词派生的以 -er、-or 或 -ar 结尾的名词来表示施事者，代替动词，如 a hard worker=someone who works hard（工作勤奋的人）、a bad sailor=someone who often gets seasick（会晕船的人）。这类名词常常与前置的形容词构成静态结构，在英语句子中大放异彩。

举 例

1. Since he lost his job, he's been a loner.
   他失业以后，就很不合群了。
2. He is a good eater and a good sleeper.
   他能吃能睡。
3. I am a slow walker, but I never walk backwards. (Abraham Lincoln)
   我虽然走得慢，但我从不后退。

3. 用介词表达动词的意义

由于英语多用名词，而名词与名词之间常需要介词连接，故英语中使用介词的现象比比皆是。余光中曾说介词是"英文的润滑剂"，而介词与名词的搭配使用，使得英语的静态倾向更为明显。

简明英汉互译

> **举　例**

1. The machine is <u>in</u> operation.（介词表动作延伸）
   机器正在运行。
2. <u>Through</u> the forest, they found the small village.（介词表动作方向）
   穿过森林，他们找到了那个小村庄。
3. He invited me <u>to</u> his house <u>for</u> lunch.（介词表动作目的）
   他邀请我去他家吃午饭。
4. This novel is <u>above</u> me.（介词表比较）
   这篇小说我理解不了。
5. Living <u>without</u> an aim is like sailing <u>without</u> a compass.（介词表方式）
   生活没有目标就像航海没有指南针。

　　由于介词在英语中使用频率很高，有些搭配已成为固定结构，如 at a loss（迷茫、不知所措）、on business（出差、营业）、in trouble（遇到麻烦）、on duty（值班）、on guard against（警惕）等。这类介词常常会当作动词使用，翻译学习者在日常学习中应多留心，多积累。

4. 用形容词表达动词的意义

　　英语中的形容词十分丰富，除了固有的形容词之外，还可以是动词加上特定的前缀或后缀构成的同源形容词形式（如 live–alive、thank–thankful、cooperate–cooperative），也可以是动词的分词形式（如 move–moving、determine–determined）。英语形容词常与系动词 be 构成系表结构，用来描述人或者事物的状态和性质，呈静态倾向。

> **举　例**

1. He was <u>unaware</u> of my presence.（表知觉的形容词）
   他当时不知道我在场。
2. Success is <u>dependent</u> on his efforts.（动词 depend 的同源形容词）
   成功与否取决于他的努力。
3. My tutor is <u>demanding</u> and is always <u>critical</u> of my work.（动词 demand 的现在分词形容词；动词 criticize 的同源形容词）
   我的导师要求很高，对我的工作总是很挑剔。

　　总之，英语常常通过动词的非谓语动词化、省略、派生、转化等手段，并采用非动词的词类（如名词、介词、形容词、副词）来表达动词的意义，表达呈静态。

二、汉语的动态倾向

　　与英语相反，汉语句子倾向于多用动词，其动态倾向主要表现在以下几个方面：

第四章　静态与动态

1. 动词连用现象

汉语没有谓语动词和非谓语动词之分，同一个句子可以包含两个或两个以上的原形动词（如连动句和兼语句），构成各种各样的多谓语动词句式。

举　例

1. 我<u>写</u>了封信向他家人<u>问好</u>。（写信 + 问好，连动式）
   I wrote him a letter to say hello to his family.
2. 她<u>让</u>学生们都在教室里<u>集中</u>。（让学生们 + 学生们集中，兼语式）
   She asked all the students to gather in the classroom.
3. 2020 年也<u>是脱贫攻坚决战决胜</u>之年。（是 + 脱贫攻坚 + 决战决胜，多动词连用）
   2020 will also be a year of decisive victory for the elimination of poverty.

2. 动词（词组）充当句子的各种成分

汉语动词在句中的句法功能和位置非常灵活，不仅可以作谓语，还经常出现在主语、宾语、定语、状语、表语等位置，汉语句子中随处可以看到动词的影子。

举　例

1. <u>保护野生动物</u>也就是<u>保护人类自己</u>。（主语和表语位置）
   Protection of wildlife is protection of man himself.
2. 中国面临着<u>发展经济和保护环境</u>的双重任务。（定语位置）
   China is confronted with the dual task of developing the economy and protecting the environment.
3. 我们将<u>坚定不移地</u>沿着这条路走下去。（状语位置）
   We will unswervingly continue down this path.

3. 动词重复或重叠

汉语句子中还经常出现动词的重复和重叠使用，构成丰富多彩、生动活泼的动词结构，如瞧瞧、谈一谈、吃吃喝喝、休息休息、千变万化、死去活来等，进一步加强了汉语的动态意味。

举　例

1. <u>不看</u>不知道，<u>一看</u>吓一跳。（动词重复）
   The mere sight of it will be enough to shock you.
2. <u>笑一笑</u>，十年少。（动词重叠形式）
   Laugh and grow fat.
3. 近几年来，父亲和我总是<u>东奔西走</u>。（动词语义重复）
   In recent years, father and I have been on the move all the time.

由于英汉静动不同的这一特点，英汉互译的过程往往是静态和动态相互转换的过程。适当运用这一方法，可以使译文更符合表达习惯。

简明英汉互译

第二节　英译汉——化静为动

在英译汉的过程中，英语不少词类（如名词、介词、形容词）需要转换为动词，做到"化静为动"才更符合汉语的习惯。

一、英语名词转换为汉语动词

1. 由动词派生的名词转换为动词

英语中很多名词都是从动词派生而来，属于英语的名词化现象。这类名词往往具有动态含义，故英译汉时可将其转换为汉语的动词。

1. China's airline industry has enjoyed significant <u>expansion</u> in the last decade.
   在过去的十年里，中国的航空工业<u>突飞猛进</u>。
2. An <u>acquaintance</u> of world history is helpful to the study of translation.
   <u>读一点</u>世界史，对学习翻译是有帮助的。
3. <u>Violations</u> of any traffic rules by the drivers will be fined.
   司机<u>违反</u>任何交通规则都要被罚款。

以上例句中，原文使用了抽象名词 expansion、acquaintance 和 violation 来表达"航空工业迅猛发展""读世界历史"和"违反交通规则"这些动态含义，凸显了英语语言的静态特征。在翻译时，要遵循汉语动态的表达习惯，将名词转换为其同源动词 expand、acquaint 和 violate，更加符合汉语的表达习惯。

2. 含有动作意义的名词转换为动词

英语中有些名词本身也具有强烈的动词意味，尤其是一些兼具名词和动词两种词性的词语，英译汉时要从其基本含义出发，联系上下文，灵活处理为汉语动词。

举例

1. The place is worthy of a <u>visit</u>.
   这个地方值得一<u>看</u>。
2. Her <u>love</u> for him grew more.
   她越来越<u>爱</u>他了。
3. A careful <u>study</u> of the original text will give you a better translation.
   仔细<u>研究</u>原文，你会翻译得更好。

上述例句中的 visit、love 和 study 三个词兼具名词和动词两种词性。在例句中，它们虽然出现在名词的位置上，实际却带有明显的动作意味。因此，可以将它们由名词转译为动词"看""爱"和"研究"，这样译文就更符合汉语的表达习惯。

3. 施事名词转换为动词

英语中以 -or、-er 或 -ar 等后缀结尾的施事名词，在不表示身份和职业时，含有较强的动作意味，也往往转译为汉语动词。

举 例

1. She is the best hater I've ever known. How she got to hate me so much!
   我所认识的人当中，她最记仇。她怎么变得这么恨我呢？
2. He is the murderer of his wife and is to be executed for his crime.
   他谋杀了自己的妻子，将因这一罪行而被处决。
3. I am an amateur actor. He is a better player than I.
   我是个业余演员，他演得比我好。

另外，英语中有些名词尽管本身不具有很强的动词意味，但为了汉语译文表达的通顺自然，也可以将其转换为汉语中的动词。

举 例

1. I thought the poetry is the food of love.
   我还以为诗能滋养爱情呢。
2. His skill at games made him the admiration of his friends.
   他善于运动，朋友们羡慕不已。

译海轶事

"化腐朽为神奇"的电影片名翻译——化静为动
- *Ghost* 没有译为《鬼》或者《幽灵》，而是《人鬼情未了》
- *Waterloo Bridge* 没有译为《滑铁卢桥》，而是《魂断蓝桥》
- *Scent of a Woman* 没有译为《女人的气味》，而是《闻香识女人》
- *The Pursuit of Happiness* 没有译为《幸福的追求》，而是《当幸福来敲门》

二、英语介词转换为汉语动词

英语中很多介词与名词或动名词搭配后极具动态感，因此英译汉时，介词结构可以转换为汉语的动词或动词性结构，化"静"为"动"。如"I am in love!"不会译为"我在爱里！"，而是译为"我恋爱了！"

简明英汉互译

举 例

1. Tom ran away and skimmed <u>over</u> the lawn, <u>up</u> the path, <u>up</u> the steps, <u>across</u> the veranda, and <u>into</u> the porch.
   汤姆转身就跑了，他蹦蹦跳跳地<u>越过</u>草坪，<u>跑上</u>小径，<u>跨上</u>台阶，<u>穿过</u>凉台，<u>进入</u>门厅。
2. Language is <u>from</u> communication, <u>in</u> communication and <u>for</u> communication.
   语言<u>源于</u>交流，<u>融于</u>交流，<u>用于</u>交流。
3. ... and that government <u>of</u> the people, <u>by</u> the people, <u>for</u> the people, shall not perish from the earth.
   ……使这个民<u>有</u>、民<u>治</u>、民<u>享</u>的政府永世长存。

　　例句 1 的 over、up、across、into 为方位介词，如果继续保留原文介词静态的方位含义，无法体现出主语一系列动作的连贯性，所以翻译的时候转换成了汉语的动词："越过""跑上""跨上""穿过""进入"，动态感十足且一气呵成。
　　例句 2 利用三个介词 from、in 和 for 构成的介宾短语代替了动词短语，指出了语言的来源、存在的方式和基本功能，结构整齐。英译汉时同样采用了三个并列的谓语动词结构："源于交流""融于交流"和"用于交流"，巧妙地实现了静态向动态的转换。
　　例句 3 为美国总统林肯《葛底斯堡演说》（*Gettysburg Address*）的结尾句，句中有三个介词收束全文，铿锵有力。此处的三个介词 of、by 和 for 具有强烈的指向性，跟宾语之间存在逻辑关系，因此转换成了汉语的动词结构："民有""民治""民享"。

译 海 拾 贝

Man for the field and woman for the hearth; 男人耕作主外，女人持家在内；
Man for the sword and for the needle she. 男人征战沙场，女人缝补家中；
Man with the head and woman with the heart; 男人富有理智，女人富有感情；
…
—Alfred Tennyson

三、英语形容词转换为汉语动词

1. 形容词短语转换为汉语主谓结构

　　在英语中，动词和形容词具有许多相同的特征。它们都可以用来描写事物的动作和状态，并且都有动态、静态之分。形容词加名词的词组实质上包含着名词加定语从句，如 the smart boy 就等于 the boy who is smart。汉语词语本身则可以在名词、动词和形容词之间相互灵活转化。汉语形容词从定语转化为谓语，只要改变词序即可，例如，"聪明的男孩"也可以说成"男孩很聪明"。鉴于英语形容词和汉语形容词的句法功能，在英译汉时，英语形容词很容易转化为汉语的谓语，成为汉语的主谓词组。这一转换适合汉语句法，符合其造句整齐匀称的修辞要求。

举 例

1. The talented scholar and his beautiful wife are perfectly made for each other.
   这位学者和他的妻子郎才女貌，可谓天造地设的一对。

2. Franklin had many of the qualities of an inventor. They included great curiosity, broad interest, mechanical skills, the ability to continue with a task until completed, and a practical view of life.
富兰克林有着发明家所应具备的许多优秀品质，诸如求知欲强、兴趣广泛、心灵手巧、做事执着、求真务实等等。

3. Centrally located, the magnificent world-renowned study center is the iconic building of our university.
我们大学的学习中心坐落在中心位置，气势宏伟，闻名于世，是标志性建筑。

2. 同源形容词转换为汉语动词

英语中某些形容词是由动词派生而来的，这类同源形容词通常与系动词一起使用，翻译时可以转译为汉语的动词或主谓结构。

举 例

1. The students in that school were very cooperative.（动词 cooperate 的同源形容词）
那所学校的学生很配合。
2. The three girls are inseparable.（动词 separate 的同源形容词）
这三个女孩经常形影不离。
3. For a girl aged 12, such temptation is irresistible.（动词 resist 的同源形容词）
对于十二岁的小姑娘来说，很难抵制这样的诱惑。

3. 表心理活动的形容词转换为汉语动词

英语中还有一些表示知觉、情感、欲望等心理状态的形容词，如 aware、ignorant、sure、glad、sorry、eager 等，其放在系动词后作表语时，也可以译成汉语动词。

举 例

1. At that time, I was ignorant of events going on elsewhere.（表知觉，且与动词 ignore 同源）
那时我并不了解其他地方发生的事情。
2. He felt sorry for being rude to his mother.（表情感）
他后悔对母亲无礼。
3. She is eager for her parents' approval.（表欲望）
她渴望得到父母的赞许。

另外，在翻译过程中，为了确切地表达形容词所隐含的动作意味，使译文更加自然通顺，也可以把某些形容词转译为汉语的动词。

举 例

1. "How much do you suffer?" "Plenty," the old man said.
"你吃了多少苦啊？""一言难尽。"老头说。

简明英汉互译

2. Less is more.
越不繁，越不凡。

例句1原文出自海明威（Hemingway）的名作《老人与海》(The Old Man and the Sea)。老人说plenty一词时，言语中透露出一种饱经风霜之感，如果把plenty这一形容词机械地译为"很多"，虽然也能达意，但老人话语中的言外之意、原文的韵味将荡然无存，因此形容词plenty处理为汉语主谓结构"一言难尽"，将老人生活的艰辛和沧桑意味跃然纸上。例句2为SAAB（萨博汽车）广告语，原文形容词转换为译文动词结构，意思明确，对仗工整，让人眼前一亮。

第三节 汉译英——化动为静

在汉译英的过程中，我们不能盲目照搬汉语多使用动词的习惯，而应该对这些动词进行灵活转换。"化动为静"才能使译文更符合英语的表达习惯。

一、汉语动词转换为英语名词

汉语中，动词使用相当频繁，可以充当句子各种成分，而英语中一句话往往只有一个谓语动词，因此汉译英时常常需要将汉语句子中的部分动词转译为英语的同源名词结构，使表达更地道、更简洁，也更符合英文的静态倾向。

举 例

1. 政府号召建立更多的技术学校。
   The government called for the establishment of more technical schools.
2. 一年多来，疫情起伏反复，病毒频繁变异。
   The past year and more have seen repeated resurgence and frequent mutations of the coronavirus.
3. 人民群众对我们拥护不拥护、支持不支持、满意不满意，不仅要看我们是怎么说的，更要看我们是怎么做的。
   Public support, approval and satisfaction depend not only on what we say but on what we do.

译海轶事

作家钱锺书和哲学家金岳霖都是英语高手，同时参加《毛泽东文选》英译定稿工作。在翻译《矛盾论》和《实践论》中的成语时，金岳霖遇到"吃一堑，长一智"不知如何翻译，钱锺书马上给出译文："A fall into the pit, and a gain in your wit."，真是妙语惊人！

第四章 静态与动态

汉译英时，还可以使用英语中的施事名词来表达动词所要表达的含义，以使译文更简洁。

举 例

1. 他常来我家。
   He is a regular visitor to my house.
2. 我命由我不由天。
   I am the master of my fate.
3. 他学习很用功。
   He is a hard-working student.

二、汉语动词转换为英语介词

介词是组成英语句子和文章的重要纽带之一，在英语中起着极其重要的作用，而且英语介词具有丰富的词汇意义，甚至可以表达汉语中常用动词表达的概念。汉译英时，汉语动词经常可以转换为英语介词或介词短语，如"你下班了吗？"可以译为"Are you off work/duty？"。

举 例

1. 中国反对霸权主义和强权政治。
   China is against hegemony and power politics.
2. 他们不顾一切困难、挫折，坚持战斗。
   They kept on fighting in spite of all the difficulties and setbacks.
3. 中国古人说："万物得其本者生，百事得其道者成。"
   An ancient Chinese philosopher observed that "plants with strong roots grow well, and efforts with the right focus ensure success".

三、汉语动词转换为英语形容词

形容词的广泛使用是英语静态倾向的另一个重要表现，因此在汉译英时需适时地将汉语动词（词组）转换为英语形容词。

举 例

1. 我们的扬子江、黄河，可以代表我们的民族精神。
   The Yangtze River and the Yellow River are both symbolic of our national spirit.
2. 和平、发展、合作、共赢的时代潮流不可阻挡。
   The trend toward peace, development, cooperation and mutual benefit is unstoppable.
3. 通过阅读，人们能更好地学会感恩、有责任心和与人合作，而教育的目的正是要培养这些基本素质。
   Through reading, people learn better how to be thankful, responsible and cooperative, and the goal of education is to cultivate these basic personalities.
4. 看到女儿长得漂亮、待人友好、富有情趣、为人慷慨，我很高兴。
   I am happy to see that my daughter is beautiful, outgoing, fun and generous.

简明英汉互译

上述前三个例句的翻译过程中，均利用了原句中动词的同源形容词（symbolize-symbolic、stop-unstoppable、thank-thankful、respond-responsible、cooperate-cooperative），构成"be + 形容词"结构，贴切地表达出原句中动词的含义，且译文静态意味十足。例句 4 使用了汉语惯用的四字短语，译文没有用对应的四个动词来翻译，而是选用了四个形容词完整地表达了原文意思，体现了英语的静态特色。

译海拾贝

中国特色标语翻译
- ◇ 青年强，世界强
  Better Youth, Better World
- ◇ 提高生活素质，迈向美好未来
  Better Living, Brighter Future

四、汉语动词转换为英语非谓语动词、独立主格结构

汉语中的动词大量集结在一起，没有谓语形式和非谓语形式之分，而英语中的动词却严格分为谓语动词和非谓语动词。汉译英时，首先要找出中心动词作为谓语动词，再将其他动词转换为非谓语动词，如现在分词、过去分词、不定式和独立主格结构等，用来表示原因、结果、方式、伴随等。

举例

1. 全面提高公共安全保障能力，<u>维护</u>社会稳定和安全。
   We will increase our public security capacity across the board <u>to maintain</u> social stability and public safety.（动词不定式）
2. 他引进许多新装置，大大节省了时间和劳力。
   He introduced a lot of new devices, <u>thus saving</u> much time and labor.（现在分词）
3. 黄山位于安徽省南部，被认为是世界上最独特、最美丽的山脉之一。
   <u>Located</u> in the south of Anhui province, Mount Huang is considered one of the most unique and beautiful mountain ranges in the world.（过去分词）
4. 中国的节日有很强的内聚力和广泛的包容性，一到过节，举国同庆。
   Chinese festivals are highly cohesive and extensively inclusive, <u>with</u> all the ethnic groups <u>celebrating</u> at the same time.（with 引导的独立主格结构）

综上所述，在翻译的过程中，由于两种语言在语法和表达习惯上的差异，我们有时必须改变原文某些词语的词类或句子成分才能有效地传达原文的准确信息。英语是静态倾向的语言，汉语是动态倾向的语言，因此英译汉时可将英语的各种词类转换为汉语动词，而汉译英时则要将大量动词转换为名词、介词、形容词或非谓语动词形式等。

第四章　静态与动态

练 习 题

一、填空题

请按要求填空。

1. 他对这座城市完全陌生，需要我们的大力帮助。（名词）
   He is a perfect _____ in the city and needs a lot of _____ from us.
2. 她开车时心不在焉，差点引发交通事故。（名词）
   Her _____ of mind in driving nearly caused an accident.
3. 新形势要求制定新的战略。（名词）
   The new situation requires the _____ of a new strategy.
4. 抗击疫情是为了人民，也必须依靠人民。（介词）
   The battle with COVID-19 is one _____ the people and _____ the people.
5. 中国在合作中坚持开放包容、兼收并蓄。（形容词）
   China takes an _____ and _____ approach to cooperation.

二、句子翻译

1. He is a great success in his career, but a total failure as a father.
2. He had a good knowledge of chemistry.
3. I like this supermarket for its reasonable prices and good service.
4. He saved the children from the fire at the cost of his own life.
5. Some knowledge about the structure and history of Chinese is helpful for your study of the language.
6. 她要回家同亲人团聚。
7. 英语学习方面，我的口语能力较差，听力和阅读能力较强。
8. 既然考试迫在眉睫，我不得不放弃做运动。
9. 这座房子采光很好，全海景，地段也不错。
10. 这家小工厂经过技术改造，发展很快，令人惊讶不已。

三、段落翻译

通信卫星系统（communication satellite systems）在过去的几十年中获得了很大的成功，已引起了人们对其未来的广泛关注。一些国家正在采用卫星来发展国内的通信以取代传统的陆地电话线。但是，卫星研制、发射和运转的成本很高，超出了一些国家的经济承受能力。尽管如此，通信卫星系统得到越来越多的重视和支持。这种技术在未来会更加普及。

第五章

抽象与具体

你知道
◆ "黑人的命也是命"怎么翻译吗?
◆ To be or not to be 怎么翻译吗?
◆ "我被割韭菜了"怎么翻译吗?

简明英汉互译

 # 第一节　英语的抽象与汉语的具体

　　不同的民族有不同的思维习惯和语言表达习惯。英语民族的语言表达多用抽象概念，而汉语民族的文化中，形象具体是其语言表述的重要特征。例如，2020年《柯林斯辞典》（*Collins English Dictionary*）公布的年度热词BLM（Black Lives Matter），字面意思为"黑人的生命是重要的"。《中国日报》（*China Daily*）双语新闻将其译为"黑人的命也是命"。译文采用形象具体、紧接地气的表述方式，符合汉语文化的形象思维习惯，令汉语读者印象深刻。这个例子凸显了英汉两种语言表达习惯的主要差异之一，即英语惯用抽象表达方式，而汉语更青睐具体表达法。

一、英语注重抽象表达

　　英语国家历来重视抽象思维，擅长推理分析，使用高度概括、含义模糊、指称笼统的抽象表达，以虚喻实。

1. 大量使用抽象词语

　　抽象词语的模糊边际，为辩证思维提供丰富的想象空间，具有抽象美，其形式紧凑凝练，灵活多变，言简意赅，适合表达复杂的思想和微妙的情绪。因此，抽象词语在现代英语中使用相当普遍，常见于科学论著、官方文章、报刊评论、法律文书、商业信件等。

举 例

1. High blood pressure is a contraindication for this drug.
   高血压患者忌服此药。
2. The expert agreed to the necessity of adjustment on the existing medical insurance system.
   专家认为，有必要对现有的医保体系进行调整。
3. Laser is one of the most sensational developments in recent years, because of its applicability to many fields of science.
   激光可应用于许多科学领域，是近年来轰动一时的科学成就之一。

2. 用虚化词缀构词

　　英语中，常用虚化词缀使词义抽象化，包括大量的前缀和后缀，其中以后缀数量最多，使用频繁。英语的词缀灵活多变，而且一个词缀常常有多个含义。丰富的虚化词缀使得抽象表述在英语中如鱼得水。

第五章 抽象与具体

举 例

1. pan-	全，整个，总，泛	（如 panorama）
2. inter-	互相，在……之间／内	（如 interaction）
3. contra-	相反，针对	（如 contradiction）
4. trans-	跨	（如 transmission）
5. circum-	绕	（如 circumstance）
6. -ize	使成为，……化	（如 modernize）
7. -ful	充满……的，富有……的	（如 thoughtful）
8. -less	无……的，没有……的	（如 cloudless）
9. -tion	表示动作、状态、结果	（如 realization）
10. -ment	表示过程、手段、工具	（如 encouragement）

虽然现代汉语也可采用合成法来扩充词汇，但与英语词缀的强大滋生力相比，逊色许多。有人戏言，英语可以通过词缀随时随地造出新词，此言并不为过。因此，词缀造词优势也为英语的抽象化表达提供了词汇基础。

举 例

The disaster of deinstitutionalization is part of this.
让住院的精神病患者出院而增加无家可归的人所酿成的灾难后果，就是一例。

该例句摘自《美国新闻与世界报道》（*US News & World Report*），句中划线词的构词过程如下：institute–institution–institutional–institutionalize–institutionalization–deinstitutionalization，而这一个英文单词，其汉语意思却有 11 个字"让住院的精神病患者出院"，由此可见英语词缀强大的构词能力。

3. 用介词表达比较抽象的意义

在英语中，介词占有举足轻重的地位。介词属于虚词，其意义抽象、模糊、虚泛，增加了英语表达的抽象性。

举 例

1. She modeled between roles.
   她不演戏时去客串下模特。
2. A general comes before a colonel.
   将军比上校的级别高。
3. Jack is in for a job in the company.
   杰克在申请这家公司的职位。

二、汉语注重具体表达

汉语的思维方式、文字和语法特点决定了汉语更擅长使用具体化表述。

简明英汉互译

1. 注重形象思维

汉语擅长运用形象使概念生动可感，易于联想，注重形象思维。汉语文字是其形象思维方式的直接体现。汉语的象形文字最初大多是模拟自然现象和客观事物，通过"观物取象"而得，如"山""水"等；汉语中许多习语都具有丰富的形象色彩，如"守株待兔""泥菩萨过河"等。

2. 注重动态表达

正如第四章所讲，汉语呈动态，动词连用和动词重叠现象比比皆是，与英语中多用名词的静态倾向构成鲜明对比。

例如，"我也想过过过儿过的日子"，一句话连续使用三个动词"想""过过"（第一、二个）和"过"（最后一个），体现了汉语动态形象的特征。

3. 缺乏虚化手段

汉语缺乏英语中的词缀虚化手段。汉语中的词缀构词，无论在规模上、数量上还是种类上，都远远不及英语。

通过以上对比，可以看出英语语言具有抽象性特征，而汉语有具体性特征。因此，在翻译的过程中，兼顾原文的可译性与译文的可读性，需要在两种语言之间进行具体与抽象的适度转换。

> 中国人的思维方式和西方人的距离多么远。他们喜欢抽象，长于分析；我们喜欢具体，长于综合。要不在精神上彻底融化，光是硬生生地照字面搬过来，不但原文完全丧失了美感，连意义都晦涩难解，叫读者莫明其妙。　　——傅雷

第二节　英译汉——从抽象到具体

英语倾向于抽象化表达，汉语倾向于具体化表达。在英汉翻译的过程中，为了避免直译造成的艰涩难懂，需要把英语中一些抽象的表达转换为具体形象的汉语词语，使译文流畅自然，易于理解。

英语的抽象化特征，主要体现在抽象名词的大量使用上。抽象名词在英语中非常活跃，表义抽象而意义丰富，所以译成汉语时常以实代虚，做具体化处理。具体说来，抽象名词的翻译主要有以下四种方法：

第五章　抽象与具体

一、词类转化法

1. 抽象名词译为动词

具有动作意义的抽象名词，有一些本身具有名词和动词词性，有一些是由动词转化而来，是动词的同源词。在译为汉语时，可以突出汉语的动态属性，发挥汉语的动词优势，将抽象名词译成相应的动词，化静为动，以实代虚，这一点在第四章已经做过详细讲解。

举 例

1. His <u>visit</u> to China increased his love for Chinese culture.
   他来中国<u>访问</u>，增添了对中国文化的喜爱。
2. We did not expect his <u>refusal</u> to cooperate with us.
   我们完全没料到他竟然<u>拒绝</u>与我们合作。
3. There is a growing <u>realization</u> that changes must be made.
   越来越多的人<u>认识到</u>改革势在必行。

2. 抽象名词译为形容词

一些抽象名词由形容词转化而来，可以译成相应的形容词。

举 例

1. The foreign friends marveled at the <u>greatness</u> of our country's achievements.
   外国友人对我国的<u>巨大</u>成就赞叹不已。
2. She was shocked by the <u>singularity</u> of the stranger's appearance.
   她被陌生人<u>古怪</u>的外表吓了一跳。
3. People here in the ancient town are proud of the <u>uniqueness</u> of their blood.
   这个古老的小镇上的居民为他们自己<u>独特</u>的血统而自豪。

3. 抽象名词译为副词

有些抽象名词，与介词短语连用或带有表语时，常常可以把这个抽象名词译成修饰动词的副词。

举 例

1. The new mayor earned some appreciation by the <u>courtesy</u> of coming to visit the poor in the city.
   新市长<u>有礼貌地</u>前来探访城市贫民，赢得了一些好感。
2. When he catches a glimpse of a potential antagonist, his <u>instinct</u> is to win him over with charm and humor.
   只要一发现有可能反对他的人，他就<u>本能地</u>要用他的魅力和幽默将这人争取过来。

简明英汉互译

二、用具体词语解释抽象名词

英语抽象名词的含义比较笼统、虚泛，常常需要利用具体的词语来解释说明该抽象名词所指代的内容，准确传达原文的信息和内涵。

举 例

1. I drove for a while across this fearsome emptiness.
   我开车开了好一阵才穿过这片可怕的空旷之地。
2. Simon didn't need any lessons when it comes to office politics.
   说到办公室里明争暗斗那一套，西蒙可算是无师自通。
3. The delight of the children at the sight of some dish on the table showed that it was a rarity.
   孩子们看到某一道菜就眉开眼笑，可见这一定是平时难得吃到的菜。

例句 1 中的 emptiness 若直译为"空虚、虚无、空旷"，会令读者一头雾水，而具体化为"空旷之地"，就准确地表达了原文的意思。例句 2 中的 office politics 指的是"办公室政治"，译文中将"政治"具体解释为"明争暗斗那一套"，使译文读者更直观清晰地了解原文含义。例句 3 中的 rarity 意为"稀缺，罕见"，本句中根据上下文，解释为"平时难得吃到的菜"，句意清晰明了。

译家之言

As a last resort, explanation is the translation.　　　　—Peter Newmark
不得已的情况下，解释也是一种翻译。

三、用形象词语使抽象名词具体化

在英译汉时，恰当使用汉语中的成语、谚语、俗语，可以化抽象为具体，化朦胧为清晰，使译文形象生动，通俗易懂。

举 例

1. That was a near miss—we must have come within an inch of that lorry!
   真是死里逃生——我们差点撞上了那辆运货卡车！
2. To forbear is at times the proof of real greatness.
   克制常常是真正的胸怀博大的证明。
3. Setting priorities is of critical importance.
   确定轻重缓急、孰先孰后，是至关重要的。

例句 1 中，near miss 字面上意为"很近的错过"，采取直译会晦涩难懂，而在句子语境中，理解为"与死神擦肩而过"或"死里逃生"，生动清晰地体现了原文的意思。例句 2

中，greatness 如果仅译为"伟大"，表达不充分，句意不明确；译作"胸怀博大"，则形象准确。例句 3 中 priority 意为"优先事项，优先权"，译作"轻重缓急、孰轻孰重"，地道又自然，避免了翻译腔。

四、添加范畴词使抽象名词具体化

在抽象名词后面加上相应的范畴词，也是常用的转换方法。范畴词用来表示行为、现象、属性等概念所属范畴的词，是汉语常用的特指手段。常见的范畴词有：工作、现象、水平、关系、事业、程度、状态、局势、感、性等。

举 例

1. diplomacy   外交工作
2. bureaucracy   官僚现象
3. average   平均水平
4. partnership   伙伴关系
5. reunification   统一大业
6. fluency   流利程度
7. madness   疯狂状态
8. tension   紧张局势
9. readability   可读性
10. togetherness   集体感

英语的虚化词缀词义通常抽象模糊，高度概括，因此在具体化为某一范畴时，需要在掌握抽象名词基本含义的基础上，根据上下文，选择恰当的范畴词，以符合汉语的搭配习惯，准确传达原文含义。

举 例

1. The government is placing its faith in international diplomacy.
   这届政府对国际外交关系充满信心。
2. Settling the dispute required great and tact diplomacy.
   解决这个争端需要十分老练和娴熟的外交手腕。
3. On such occasions, the king stands in the wings, oiling the wheels of diplomacy.
   在这样的场合，国王总是身处幕后确保外交活动的顺利进行。

以上例句中的抽象名词 diplomacy，在不同的语境中，具体化为不同的范畴意义指向，分别增加了"关系""手腕"和"活动"不同的范畴词，搭配得当，表述清晰，句意明确。

综上所述，英译汉过程中，译者需要通过不同的转换方法，使抽象词语具体化，以形象生动的表达方式传递原文内容，增加译文的可读性。

译海轶事

"To be or not to be, that is the question."，这句经典独白出自《哈姆雷特》，抽象凝练，寓意深刻，引得无数译者竞折腰。译者方平曾言，"眼前有诗译不得"，原文浑然天成，佳译却难求，体现了"一万个读者，就有一万个哈姆雷特"的文学魅力。

简明英汉互译

- ✧ 生存还是毁灭，这是一个值得考虑的问题。　　（朱生豪）
- ✧ 死还是不死？这是个问题。　　（许渊冲）
- ✧ 死后是存在，还是不存在——这是问题。　　（梁实秋）
- ✧ 是生是死，这是问题。　　（许国璋）
- ✧ 生或死，这是问题所在。　　（王佐良）
- ✧ 活下去还是不活，这是问题。　　（卞之琳）

第三节　汉译英——从具体到抽象

　　汉语的表述倾向于具体，常常用实的形式表示虚的概念，以具体的形象表达抽象的内容，而抽象表达是现代英语的特征之一。因此，汉译英时，常采用抽象译法，将形象具体的词句用抽象的词句来翻译，使译文具有可译性，避免直译造成的生硬冗长。

一、汉语具体词语的抽象化

　　汉语中常用亲切自然、绘声绘色的词汇表达概括性和抽象性的概念，译为英语时，不能逐字照搬，需要用抽象或概括性词语来表述。

举　例

1. 这远非一时的<u>柴米油盐</u>问题。
   It is more than transient <u>everydayness</u>.
2. 只要你嫁给我，<u>鸡鸭鱼肉</u>，<u>绫罗绸缎</u>，一辈子享受不尽。
   If you are willing to marry me, you will enjoy the <u>luxuries</u> all your life.
3. 但是对老年人来说，他经历了人生的<u>酸甜苦辣</u>。
   But in an old man, he had known human <u>joys and sorrows</u>.

　　以上例句都是用具体词汇来指代一个抽象或笼统的概念。例句1中的"柴米油盐"指代的是"日常的生活（everydayness）"；例句2中"鸡鸭鱼肉，绫罗绸缎"指代"奢华的物品（luxuries）"；例句3中"酸甜苦辣"指代"人生的欢乐和痛苦（joy and sorrow）"。
　　当然，很多具体词汇的抽象意义，需要结合语境来分析和确定。

举　例

1. 但<u>热闹</u>是它们的，我什么也没有。
   But the <u>liveliness</u> is theirs, I have nothing.
2. 我爱<u>热闹</u>，也爱<u>冷静</u>。
   I like <u>a serene and peaceful life</u>, as much as <u>a busy and active one</u>.

　　例句1和2均选自朱自清的《荷塘月色》，译文中对"热闹"一词的翻译都进行了抽象化处理。例句 1 中的"热闹"是指荷花在夜色中生机勃勃的景象，因此译为 liveliness。例句 2 中的"热闹"指的是"人来人往、忙忙碌碌的生活"，译为 a busy and active one，简明易懂，并且与前半句中的 a serene and peaceful life 形成对照，保持了形式上的对仗工整。

二、汉语形象词语的抽象化

汉语中很多形象化的表达，在翻译为英语的时候，通常需要抛开比喻的意象，直接译出该词语的含义。

1. 习语中形象词语的抽象化

汉语中的习语，大都是约定俗成。翻译时通常化实为虚，采用意译法，去其形取其意。

举 例

1. 你不知道她是个醋坛子吗？
   Don't you know she is jealous in nature?
2. 茗烟又嘱咐道："不可拿进园去，叫人知道了，我就吃不了兜着走了。"（《红楼梦》）
   "Don't take them into the garden," Ming-yen warned him, "If they were found, I'd be in serious trouble."
3. 唉，那是客臣的井蛙之见喽，所谓"情人眼里出西施"啦。
   Alas, that is owing to my ignorance, that is what is called partiality.

例句 1 中的"醋坛子"与英语中的 vinegar jar 的联想意义不同，在汉语中，其隐含的意义是"嫉妒（jealous）"。例句 2 中的习语"吃不了兜着走"，采用意译法，译为"惹麻烦（in serious trouble）"。例句 3 中的"井蛙之见"意为"无知（ignorance）"，而"情人眼里出西施"来自于中国典故，为避免赘述，根据语境意译为"偏爱（partiality）"，不失为灵活有效的翻译方法。

2. 时政词汇中形象词语的抽象化

时政词汇是关于国计民生和当前局势一些重大问题的表述，具有鲜明的国家特色和时代特色。汉译英时，需要结合国情背景和时代背景，对于具体形象的、接地气的表达，往往采用抽象化手段来传递原文信息。

举 例

1. 确保国家粮食安全，把中国人的饭碗牢牢端在自己手中。
   We must ensure China's food security so that we always have control over our own food supply.
2. 一个政党，一个政权，其前途命运取决于人心向背。
   The future of a political party or a government is determined by whether it enjoys public support.

简明英汉互译

3. 中国坚持不搞"大水漫灌"式强刺激，而是深入贯彻新发展理念。

Instead of resorting to massive stimulus, China stayed the course of reform and innovation guided by the new development philosophy.

例句1中的"饭碗"如果直译为 rice bowl，会让读者觉得莫名其妙，而译为"food supply（粮食供给）"，就非常符合原文中表达的内涵。例句2中，"人心向背"译为 public support，令译文读起来毫无障碍，一目了然。例句3中的"大水漫灌"原本是指农业灌溉的一种方式，而在此处经济调控的语境下，指的是"（通过向市场注入大量货币的方式来）大规模刺激经济增长"。因此，此处不能直译为 flood irrigation，而是舍弃其隐喻意象，提取核心含义，译为 massive stimulus，以抽象化的表述清晰准确传达原文信息。

3. 网络热词中形象词语的抽象化

网络热词，语言形式丰富多样、简短形象，内容与社会事件和文化热点紧密相连，或包含不言自明的"梗"，或隐含深刻的社会文化背景。翻译时，为了避免造成读者的理解障碍，通常直接解释其指代的具体社会现象或社会事件，明确翻译出实际含义。

举 例

1. 大促销那几天，她肯定会去薅羊毛。
   She will never miss the chance to get the best deal on the days of big sale.
2. 我觉得好像我又被割韭菜了。
   It seems that again I was played for a sucker.

例句1中的"薅羊毛"来自中国的喜剧小品，原义为"占便宜"，在这个表示购物的情境中，意为"用最便宜的价格买东西（get the best deal）"。例句2中的"韭菜"是股民对自己被反复收割的一种自嘲，后来延伸到了股票以外的领域，译为 be exploited by sb.（被剥削）或 be played for a sucker（被当作傻子一样耍了）。

三、省略范畴词

范畴词在汉语中使用频繁。在汉译英的过程中，常常需要去掉范畴词，避免语义上的重复，以符合英语语言抽象简约的特点。

举 例

1. 那时他们最渴望的就是结束这摇摆不定的局势。
   What they wanted most was an end of uncertainties.
2. 国家要加大对中西部地区的支持力度。
   The state will increase its support for the central and western parts.
3. 失业问题比通胀问题更为严重，因为失业问题涉及社会治安问题。
   Unemployment is more serious than inflation, for the former is related to public security.

例句1中，"摇摆不定的局势"无须逐字译为 the situation of uncertainties，因为

uncertainty 已经包含了"局势、形势"之意。例句 2 中,"支持力度"直接省去范畴词"力度",译作 support,简洁明了。例句 3 中,包含了三个"问题",并不需要译出 problem,因为 unemployment、inflation、public security 本身作为抽象名词,都已经包含了"问题"的含义在内,所以无须再赘述。

总而言之,抽象是英语语言的特点,具体是汉语语言的特点。在英译汉过程中,恰当使用具体化译法,使译文通俗易懂;在汉译英过程中,灵活使用抽象化译法,提高原文的可译性,使译文不拘泥于原文,准确传递原文的信息。

练 习 题

一、选择填空

| A. challenges | B. complicated | C. arrogance | D. help | E. repeats |
| F. grammar | G. continuity | H. misfortune | I. simplicity | J. vows |

1. 他只是鹦鹉学舌,拾人牙慧罢了!
   He talks like a parrot and just _____ what he heard.
2. 他的傲慢态度使他陷入孤立无援的境地。
   His _____ sent him into isolation and helplessness.
3. 这些问题盘根错节,三言两语说不清楚。
   These problems are too _____ to be explained clearly in a few words.
4. 地震灾区现在最需要的就是帐篷,你们真是雪中送炭啊。
   What the quake-stricken area needs most is tents. You really provide timely _____.
5. 改革,必须一抓到底、一往无前,我们还要继续去啃硬骨头。
   We are determined to see this reform through, and are prepared to take on tough _____.
6. 他的阴谋貌似小儿科,却具有欺骗性。
   The apparent _____ of his plot is deceptive.
7. 塞翁失马,焉知非福。
   _____ may be an actual blessing.
8. 他丝毫不顾年轻时候的海誓山盟,背叛了自己的爱人。
   He betrayed his lover in spite of the _____ in their youth.
9. 文化是维系中华民族生生不息、蔓延不断的精神纽带。
   Culture is the spiritual bond that ensures the _____ of our Chinese nation.
10. 他们家里的钱比人家多,马比人家多,都要算全县第一,只是他哥儿俩肚里的墨水,少得也是首屈一指的。

Their family had more money, more horses than anyone else in the county, but the boys had less _____ than most of their poor neighbors.

二、句子翻译

1. He is a valuable acquisition to the team.
2. What a transformation! You look great.
3. The absence of intelligence is an indication of satisfactory developments.
4. Predictions of an early improvement in the housing market proved false.
5. What is known is that weight extremes in either direction are definitely unhealthy.
6. 很显然，她所有的抱怨都是白费口舌。
7. 高朋满座时他总是兴致勃勃，独自一人时却常常郁郁寡欢。
8. 对于战地记者来说，躲避子弹是家常便饭。
9. 他万万没想到会因为这么一个失误丢了饭碗。
10. 我们始终把每一位同胞（compatriot）的安危冷暖放在心头。

三、段落翻译

　　自驾游（self-driving tour）属于自助旅游的一种，是近年来我国新兴的旅游方式。自驾游在选择目的地、参与程序和体验自由等方面给旅游者提供了伸缩自如的空间，与传统的参团旅游（group tour）相比具有自身的特点和魅力。这种旅行方式符合今天年轻人"说走就走"的旅行风格。随着自驾游人数的增多，自驾游市场已具规模，越来越多的旅行社、汽车俱乐部、汽车租赁（car rentals）公司看好并涉足这一市场的开发。

第六章

主语显著与话题显著

你知道
◆ "桂林山水甲天下"怎么翻译吗？
◆ "饭堂今天吃饺子"怎么翻译吗？
◆ "有朋自远方来，不亦乐乎"怎么翻译吗？

第一节 英汉句子结构差异

一、英语的主语显著

英语的句式结构基本上都可以归纳为主谓结构，即"主语+谓语动词"（S+V）的结构。主语不可或缺，谓语动词是句子的中心，两者协调一致，提纲挈领，形成句子的核心。英语句子可以在 S+V 的结构上扩展，但根据谓语动词的类别和特征，现代英语句子主要划分为以下五种基本句型：

1. S+V（主+谓）

举例

He succeeded.
他成功了。

2. S+V+O（主+谓+宾）

举例

Mary wrote a letter.
玛丽写了一封信。

3. S+V+O+O（主+谓+间接宾语+直接宾语）

举例

I bought her a computer.
我买了一台电脑给她。

4. S+V+O+C（主+谓+宾+宾语补足语）

举例

We elected him the leader.
我们选他为领袖。

5. S+linkingV+P（主+系+表）

举例

Tom is in the room.
汤姆在房间里。

从上述例句可见，英语句子中，主语和谓语是句子结构中最基本的语法单位。英语主语通常位于句首，在句中占据重要的位置。谓语一般位于主语之后，为主语提供新的信息。

英语各种长短句子，一般都可以看作是这五种基本句型及其变式、扩展、组合、省略或倒装。英语句子无论长短，其他组成部分都是围绕主语展开论述的，其他组成部分与主语关系密切程度的差异决定了各自在句中的位置，与主语关系越密切，距离主语越近。

英语句子结构严谨，形式规范。主语决定了谓语动词的形态变化，对整个句子具有"牵一发而动全身"的作用。主语即便不起语义作用，也要有 it、there 等作形式主语，所以英语是主语显著型语言。

二、汉语的话题显著

从上述五种基本句型的汉语译文可以看出，汉语中也有与英语相对应的主谓结构。但汉语中还有大量这样的句子：

举 例

1. <u>翻译</u>，我非常喜欢。
   I like translation very much.
2. <u>桌上</u>放着一本书。
   A book is on the desk.
3. <u>继续读研</u>利大于弊。
   The advantages of studying further as a postgraduate outweigh disadvantages.
4. <u>他会干这种事</u>我不相信。
   I don't believe that he should have done such things.

以上四个汉语例句很难套用"主谓结构"来分析。它们不属于上文提到的五种基本句型。由此可见，用"主谓结构"不足以描述汉语句子的所有结构类型。例句 1 中，"翻译"是话题，后面的"我非常喜欢"是对话题的评论。依此类推，例句 2 至例句 4 中，"桌上""继续读研""他会干这种事"均是话题，"放着一本书""利大于弊""我不相信"均是评论，是对话题的具体描述说明。

很多汉语句子是话题性很强的句子，即句子前面是一个话题，后面是对话题的评论，而不像英语句子那样有一个完整的主谓结构。汉语句子的话题可以是任何要谈的事物、时间、地点、事件、方式等。综合起来，我们将常见的汉语话题句归纳为以下几种：

1. 动作实施者作话题

举 例

1. <u>这孩子嘛</u>，从早到晚都不着家。
   The child stays out for a whole day.
2. <u>这个消息</u>使她很兴奋。
   The news made her excited.

简明英汉互译

2. 动作承受者作话题

举 例

1. 那本书我读了一半。
   I have read half of that book.
2. 这个人我所知不多。
   I just know a little about this person.

3. 双话题（两个有隶属关系的名词作话题）

举 例

1. 她英语讲得不错。
   She speaks English very well.
2. 他品德好，学问高。
   He has high morality and broad knowledge.

4. 动词或动词短语作话题

举 例

1. 请客送礼，他从来不会。
   He is never good at giving lavish dinner or gifts.
2. 登上甲板，我们便见到一轮红日。
   The morning sun greeted us as we came out on deck.

5. 句子作话题

举 例

1. 日语系的小欣要去德国留学，我觉得很奇怪。
   It strikes me strange that Xiao Xin majoring in Japanese is going to study in Germany.
2. 我没有接受那份工作，工资少，还乏味。
   I didn't accept the job because it was badly paid and boring.

6. 地点作话题

举 例

1. 大礼堂里挤满了听众。
   The auditorium was thick with audience.
2. 操场上有一个男孩在打篮球。
   A boy is playing basketball on the playground.

7. 时间作话题

举 例

1. 昨天下午我们玩得很愉快。
   We enjoyed ourselves very much yesterday afternoon.
2. 今晚有新片上映。
   A new film will be shown this evening.

从上述典型的例句可以看出，汉语中的话题，成分多种多样，可以是各类词、短语，甚至是句子。在汉语话题句中，全句的表达功能是在评论一个话题，句子的话题是一句话的出发点，在它后面可以有一连串的评论语。有了话题这个中心，句子才显出脉络和顺序。话题句在汉语中分布很广，所以汉语是话题显著型语言。

译家之言

◇ 在汉语里把主语、谓语当作话题和说明来看待，比较合适。
◇ 汉语中有近50%的句子是用"话题—评论（topic-comment）"结构。

——赵元任

第二节　英语"主谓结构"转换为汉语"话题—评论"结构

由于汉语是话题显著型语言，英译汉时应该选择适当的句子成分作为话题，把剩下的部分作为评论，按逻辑顺序铺排展开。

举 例

1. You don't grow the grain you eat and you don't make the clothes you wear.
   你吃的粮食不是你自己种的，你穿的衣服不是你自己做的。
2. One dialect is known to every linguist in this room.
   有一种方言，这间屋子里的每位语言学家都懂得。
3. A new administrative building was built in our institute last year.
   我们学院去年建了一栋新的行政大楼。

从上述三个例句可以看出，英语的主谓句转译为汉语的"话题—评论"句没有特定规律可循。例句1将带后置定语的宾语 the grain you eat 和 the clothes you wear 分别转为话题"你吃的粮食"和"你穿的衣服"。例句2直接将英语句子主语转为话题。例句3则将

简明英汉互译

原句地点状语放在句首作为话题。

英语主谓句转化为汉语"话题—评论"句的合理性可以从句子结构的分法来证明。就句子结构而言，英译汉就是把英语句子的"三分结构"（主语+谓语+其他成分）变为汉语的"两分结构"（话题+评论）。有些英语句子译为汉语，总感到不通顺，实际上就是把原文句子结构直译为三分结构的结果，如果改为两分结构，就通顺了。

举 例

1. It took him two long months to finish such a thin book.
   译文1：他竟花了两个月那么久来看这么薄的一本书。
   译文2：薄薄的一本书他竟看了两个月。
2. It is difficult to quantify the value of a good education.
   译文1：要用数量来测量好教育的价值是困难的。
   译文2：教育质量的好坏，很难量化。
3. The strong walls of the castle served as a good defense against the attackers.
   译文1：那城堡的坚固城墙充当了抵御进攻者的良好防御物。
   译文2：那座城堡城墙坚固，在敌人进攻时起了很好的防御作用。

显然，上述三个例句的译文1对原句亦步亦趋，仍然按照英语的三分结构直译，译文稍显拗口。译文2则采用了"话题+评论"的两分结构，显得简洁流畅，符合汉语的表达习惯。

一般说来，能够直接将主语转换成话题，就应当直接转换。但是，如果按照英语句子的三分结构直译，造成译文啰唆、不通顺，译者就应当运用逻辑推理能力，兼顾简洁性和清晰化原则，适当选择原文内容作为话题，视具体情况具体分析。

译海拾贝

She was not an existence, an experience, a passion, a structure of sensations, to anybody but herself.（*Tess of the D'urbervilles*）

她的存在，她的经历，她的激情，她的感觉，这一切，除了她自己，不属于任何人。（《苔丝》，吴笛 译）

 ## 第三节 汉语"话题—评论"结构转换为英语"主谓结构"

由于英语是主语显著型语言，主语是整个句子最关键的成分，因此在汉译英的过程中，句子主语的处理尤为重要。翻译时，需要在汉语句子中选择或增补可以在英语句子中作主语的成分。

一、对应法

当汉语话题句与英语基本句式的词序一致时，可以采取对应或大致对应的方法，直接将汉语话题转换为英语句子的主语，这种对应式转换是最简捷的一种方法。

举 例

1. 母亲最大的特点，是一生不曾脱离过劳动。
   The most prominent characteristic of mother was her lifelong participation in physical labor.
2. 学习让我们保持年轻，梦想让我们充满活力。
   Learning keeps us young and dreams keep us alive.
3. 桂林山水甲天下。
   East and west, Guilin landscape is best.

译 海 拾 贝

无边落木萧萧下，不尽长江滚滚来。
The boundless forest sheds its leaves shower by shower;
The endless river rolls its waves hour after hour.（许渊冲　译）

二、转换法

汉语话题句种类繁多，其翻译方法也是灵活多变的。除了上述对应法之外，还可以将句中其他成分转换成译文的主语，选择主语时要符合英语的表达习惯。

1. 原文定语转换为译文主语

有的话题句可以将话题中心词的定语转换为译文主语，这也是一种常见的译法。

举 例

1. 中国的饮食文化具有悠久的历史。
   China has a long history in her diet culture.
2. 德国相机的主要特点是工艺精湛，经久耐用。
   The German cameras are chiefly characterized by their fine workmanship and durability.
3. 读书的状态大致分为三种：一是为别人而读；二是为有用而读；三是为兴趣而读。
   Reading can be done for roughly three purposes: for others, for use and for pleasure.

上述三个例句，都是将原文话题中心词的定语转换为译文主语。例句 1 选择了定语"中国"作主语，也可以选择话题"中国的饮食文化"作主语，译为"Chinese diet culture enjoys a long history."。同样，例句 2 也可以选择话题"德国相机的主要特点（the characteristics of the German cameras）"作主语，但选择其定语"德国相机"作主

语，突出了谈论的对象。例句3的译文选择了定语"读书"作主语，使译文主题更加清晰明了。

2. 原文谓语转换为译文主语

　　第四章曾提到，英语是静态倾向语言，故较多地使用名词是英语的特点之一，有些话题句的谓语动词可以通过名词化转换为英语句子的主语。

举　例

1. 任何场合，只要他一露面，就算成功了。
   His very appearance at any affair proclaims it a triumph.
2. 机场全部建成后，绿化覆盖率将会达到50%以上。
   The completion of the airport project will bring the ratio of green space coverage to the total area above 50%.
3. 采访这位演员，是在他功成名就之后。
   The interview with the actor was conducted after he had achieved a great success and won a prize.

3. 原文宾语转换为译文主语

　　不少汉语话题句中，话题部分是表示动作或情况发生的时间或地点，而不是完成动作的主体。这一类句子一般选用动词的宾语作为英语句子的主语，时间或地点译为介词短语作英语句子的状语。

举　例

1. 饭堂今天吃饺子。
   Jiaozi are served in the canteen today.
2. 医院立即收下了那个受伤的孩子。
   The injured boy was immediately admitted into the hospital.
3. 元宵节，大街小巷挂满了各种各样的灯笼。灯笼上写着许多谜语。
   During the Lantern Festival, many different kinds of lanterns are hung up in the streets and lanes. Riddles are written on the lanterns.

4. 原文状语转换为译文主语

　　在部分汉语话题句的翻译过程中，还可以使用拟人的修辞手法，将时间、地点状语转换为英语句子的主语，谓语常用see、witness、find等动词与之匹配，使译文简洁新颖，同时也符合英语的表达习惯。

举　例

1. 2005年中国成功地发射了一枚新型导弹。
   The year 2005 saw the successful launching of China's new-type missile.

2. 在罗马城发生了许多伟大历史事件。
   Rome witnessed many great historic events.
3. 去年"天问一号""嫦娥五号""奋斗者号"等突破性成果不断涌现。
   Last year saw a stream of scientific and technological breakthroughs, like the Tianwen-1 Mars mission, the Chang'e-5 lunar mission, and the Fendouzhe (Striver) deep-sea manned submersible.

三、增补法

在翻译汉语话题句时，有时还需要根据上下文增补逻辑主语，因为英语句子的主语是必不可少的。增补逻辑主语的方式主要有以下三种：

1. 增补泛指代词作主语

举 例

1. 实现中国梦，必须弘扬中国精神。
   To achieve the Chinese dream, we must keep our national spirit alive.
2. 在西安可以参观秦朝的陵墓和兵马俑。
   You can visit the Qin Dynasty tombs and the Terracotta Army in Xi'an.
3. 要想见识广，广泛阅读非常必要。
   To be well-informed, one needs to read widely.

2. 增补形式主语 it

举 例

1. 有朋自远方来，不亦乐乎？
   It is a great pleasure to meet friends from afar.
2. 游览西湖及周围景点花上两天时间较为合适。
   It is advisable for tourists to take two days to tour West Lake and scenic spots around it.

3. 增补名词作主语

举 例

1. 作为社会的一员，交往和独处是两种不可或缺的生活方式。
   As a social being, human need both social intercourse and solitude.
2. 深圳特区正在采取措施抑制房地产投机热。
   The government of Shenzhen's Special Economic Zone is taking steps to cool a frenzy of property speculation.

简明英汉互译

例句 1 中，由上下文逻辑关系可以发现："交往和独处"并不是"作为社会的一员"的逻辑主语，根据句义可以推断出其隐含的主语是"人类"，所以增补名词 human 作译文主语。例句 2 中，"深圳特区"不能"采取措施"，并不是句子真正的主语，根据上下文逻辑关系，增补名词 government 作译文主语。

译海拾贝

喜爱的书，不妨一读再读；不耐看的书，又可随手抛下，谁也不会因此而伤心失望。(《书与人》)

You can read your favorite book over and over again. When you lay aside the book you dislike, none will ever feel hurt or disappointed.（*Books and Man*，张培基　译）

从上述译文主语的不同处理方法可以看出，同一个汉语话题句可能会存在多种不同的译文。选择主语必须放开眼界，不忽视任何一个词语或成分可以作英语句子主语的可能性。

举 例

2021 年，两国之间的贸易和文化交流显著扩大。

译文 1：In 2021, the trade and cultural exchanges between the two countries have been expanded notably.

译文 2：In 2021, the two countries have notably expanded trade and cultural exchanges between them.

译文 3：In 2021, the expansion of trade and cultural exchanges between the two countries was notable.

译文 4：The year 2021 witnessed a notable expansion of trade and cultural exchanges between the two countries.

译文 5：In 2021, there was a notable expansion of trade and cultural exchanges between the two countries.

译文 1 选择了原文的话题中心词"贸易和文化交流"作主语，属于对应式转换。译文 2 选择了原文定语"两国的"作主语，突出了话题的对象是"两国之间的"。译文 3 把原文的谓语动词"扩大"转化为名词，作为译文主语，体现了英语的静态倾向。译文 4 通过拟人化的手段将原文时间状语"2021 年"转换为译文主语，使译文更灵动。译文 5 采用了英语 there be 句式，增补了主语 there。

综上所述，英语是"主语 + 谓语"的主语显著型语言，汉语是"话题 + 评论"的话题显著型语言。英译汉的关键步骤是找出合适的话题，汉译英的核心步骤是找出合适的主语。英汉互译中，要找出主语与话题的关系进行适当的转换，在必要时进行增补、替换。认清英汉句式在主语和话题方面的差异，能够扩宽翻译的思路，使译文更加流畅地道。

第六章 主语显著与话题显著

练习题

一、单选题

1. A telephone was fitted up in the pavilion.
   亭子里装了一部电话机。
   原文中的 _____ 转换为译文的话题。
   A. 主语　　　　　　　　　　B. 状语

2. 1964年10月，中国爆炸了第一颗原子弹，使世界大为震惊。
   China's first atomic blast in October, 1964 was a great shock to the rest of the world.
   原文中的 _____ 转换为译文的主语。
   A. 状语　　　　　　　　　　B. 谓语

3. His skills qualify him for the job.
   较好的译文是 _____
   A. 他的技艺使他有资格担任这一工作。
   B. 他有技术，能担任这一工作。

4. My son is using the car this morning and will be this afternoon.
   较好的译文是 _____
   A. 汽车我儿子上午在用，而且下午还要用。
   B. 我儿子今早一直在用汽车而且要用到下午。

5. You might not see one in a hundred with gentleman so plainly written as in Mr. Knightley.
   较好的译文是 _____
   A. 莱特立先生的君子风度恐怕是百里挑一的。
   B. 你在一百个人中也看不到一个人有莱特立先生的君子风度。

二、句子翻译

1. That dirty old house is an offense to everyone who lives in the street.
2. Unlike her mother who is dark, she has a fair complexion.
3. I still benefit greatly from the instruction of my teachers and my interaction with other students.
4. He had lied to his family about where he was, what he was doing, and how much money he made.
5. Major breakthroughs have been made in manned spaceflights, the lunar exploration program, and in the development of a manned deep-sea submersible, supercomputers and high-speed railways.
6. 本产品的特点是设计独特，质量高，容量大。
7. 2001年中国成功加入世界贸易组织。

8. 从那座塔上可以眺望这个城市的美丽风光。
9. 唐朝出现了真正意义上的中国传统园林建筑。
10. 实现中国梦,必须坚持中国特色社会主义道路。

三、段落翻译

  在从前的农业社会里,中国人最重要的节日就是春节。对过去的一年来说,这是结束;对未来的一年来说,这是开始。一进入腊月,街头巷尾就充满了过年的气氛,这种气氛要持续一个半月之久。大家不仅借着各种游乐节目来调剂一年来的辛劳,同时也在游乐中流露着一种乐观进取的精神。过年时,每家门上都贴上春联,耀眼的红纸增加了人们的喜气,优美的字句振奋了人们的精神。

第七章

物称与人称

你知道
- "人逢喜事精神爽"怎么翻译吗?
- "我太难了"怎么翻译吗?
- "十年树木,百年树人"怎么翻译吗?

简明英汉互译

第一节　英语的物称与汉语的人称

句子的主语可以分为"人称主语"和"物称主语"。顾名思义,"人称主语"是指主语是"人";"物称主语"是指主语是"物"。

英汉语言均有人称主语和物称主语两种表达方法,但英语常用物称主语,用非人称来叙事,注重表达"什么事发生在什么人身上",语气客观;汉语则倾向于用人称主语,从主体思维和自身角度来表达或描述客观事物,说话时以人称视角作为切入点,注重"什么人怎么样了"。

举　例

1. What happened to you?
   你出了什么事啦?
2. 他不会出什么事的。
   Nothing bad will happen to him.

一、英语主语的物称倾向

连淑能指出,物称主语是英语中常见的一种现象,尤其常见于书面语,如公文、新闻、科技论著以及散文、小说等文学作品。这种表达法往往使叙述显得客观、公正,结构趋于严密、紧凑,语气较为委婉、间接。

英语主语的物称倾向主要体现在以下四个方面:无灵主语与有灵动词的搭配、使用非人称代词 it 作主语、运用 there be 句式、采用被动式。

1. 无灵主语 + 有灵动词

英语主语的物称倾向表现,首先是无灵主语(inanimate subject)与有灵动词(animate verb)的搭配使用。无灵主语是指用表事物名称、抽象概念、心理感觉、时间地点等没有生命的名词作主语,而有灵动词是指表示人的动作或行为的动词,比如 bring、give、escape、visit、kill 等。无灵主语与有灵动词的搭配使用,往往带有拟人化修辞色彩,给原本无生命的事物赋予了生命的特征,使语言表达栩栩如生。

（1）事物名称 + 有灵动词

举　例

1. The thick carpet killed the sound of my footsteps.
   我走在厚厚的地毯上,一点脚步声也没有。
2. A heavy rain just visited the city.
   这个城市刚下过一场大雨。

第七章 物称与人称

> **译海拾贝**
>
> 泰戈尔绝美诗句中的"无灵主语"+"有灵动词"
> ✧ Eyes are raining for her, heart is holding umbrella for her, and this is love.
>   眼睛为她下着雨，心却为她打着伞，这就是爱情。
> ✧ My heart, the bird of the wilderness, has found its sky in your eyes.
>   我的心是狂野的鸟，在你的眼睛里找到了它的天空。
> ✧ Her wishful face haunts my dreams like the rain at night.
>   她的热切的脸，如夜雨似的，搅扰着我的梦魂。

（2）由动词派生的抽象名词+有灵动词

从语法角度来看，英语主语的物称倾向与英语名词化现象紧密相关。英语书面语中，常将动词名词化后来充当句子主语，并搭配使用动词 make、lead to、cause、contribute to、require 等。

举 例

1. His failure in the exam made him disheartened.（主语 failure 由动词 fail 派生而来）
   他这次考试不及格，因而很沮丧。
2. The mastery of a language requires painstaking effort.（主语 mastery 由动词 master 派生而来）
   要掌握一门语言，必须下苦功夫。

（3）表心理与情感的名词+有灵动词

表示生理、心理和情感状况的抽象名词也常充当无灵主语，其搭配的有灵动词有 desert（抛弃）、deprive（剥夺）、conquer（战胜）、tear（撕裂）、linger（逗留）、fill（使充满）、take possession of（占据）、give way to（让步）等。

举 例

1. Excitement deprived me of all power of utterance.
   我激动得什么话也说不出来。
2. Alarm took entire possession of him.
   他惊恐万分。
3. Anger choked his words.
   他气得说不出话来。

（4）表时间、地点的名词+有灵动词

表时间和地点的无灵名词也常作英语句子主语，与之搭配的动词有 see、witness、find、boast、enjoy 等。

举 例

1. The town boasts a beautiful lake.
   镇上有个美丽的湖，人人以此为豪。

2. Last year saw the occurrence of a number of public safety incidents and major workplace accidents.
去年发生了多起公共安全事件和重大生产安全事故。

2. 非人称代词 it 作主语

　　使用非人称代词 it 作主语，也是英语中非常明显的物称特点。it 作主语，能够避开提及自己与他人，从而也避免使用 I、he、she、we 等人称代词或指人的名词，给人以更客观的展示。另外，it 代替真正的主语，把实义主语放在句子的尾部，也能有效防止整个句子出现"头重脚轻"。

　　（1）it 用作虚义词
　　当 it 用作虚义词，其作主语时往往没有具体意义，用于表示难以言明的现象或情形，如表达自然现象、时间、距离等，或表示较为笼统的情况。

举　例

1. It often rains in summer.
   夏天经常下雨。
2. It is five kilometers from the school to my home.
   从学校到我家有 5 公里。
3. How is it with the sick man?
   那病人怎么样了？

　　（2）it 用作先行词
　　为了句子平衡，当非谓语动词或从句作主语时，通常用 it 作形式主语，而将真正的主语置于句末。

举　例

1. Life is sad at times, but it is up to you to make your own life happy.
   生活有时是令人沮丧的，但你可以努力让自己过得开心。
2. It never occurred to me that she will be fired due to her lateness.
   我从没想到她会因为迟到而被炒了鱿鱼。

　　（3）it 用作强调词
　　当 it 用作强调词，引出所要强调的成分，形成 "it is/was + 被强调成分（主语、宾语、状语等）+ that/who/whom + 其他成分"，也是一种物称主语的形式。

举　例

1. It is your attitude, not your aptitude that determines your altitude in life.（强调主语）
   决定你生活高度的是你的态度，而不是你的天赋。
2. It is to men like Yuan Longping that we should be grateful.（强调宾语）
   我们应该感激的是像袁隆平那样的人。

3. It was not until I met you that I knew the real happiness.（强调时间状语）
   直到遇见你，我才真正体会到幸福。

3. 使用 there be 句式

英语中的 there be 句式也有非人称倾向，能更加客观具体地描述事物，表现出其重物称的特点。在 there be 句式中，系动词 be 可替换为 seem、appear、stand、lie、arise、come、exist 等。

举 例

1. There is something strange about his behavior today.
   他今天的举止有些反常。
2. There arises a need for women to be protected.
   我们需要保护妇女。
3. There comes a knock at the door.
   有人敲门。

4. 采用被动式

英语的被动式，尤其是以 it 作形式主语的非人称被动式，如 it is believed...、it is known...、it is thought... 等，让作者或其他人称"躲在幕后"，让所叙述的事实或观点以客观、间接的方式表达出来。

举 例

1. If life is divided into two episodes, the first is "hesitance-free", while the second is "regret-free".
   若将人生一分为二，前半段叫"不犹豫"，后半段叫"不后悔"。
2. It is well known that the Chinese invented the compass four thousand years ago.
   众所周知，中国人四千年前就发明了指南针。

二、汉语主语的人称倾向

汉语虽然也可以用拟人法来描述抽象的概念或无生命的事物，如"清风拂过树梢""什么风把你给吹来了"，但这种表达法常见于比喻或轻松的文体，因此其使用的语境和出现频率，都远不及英语。

汉语较注重主体思维，即从自我出发来叙述客观事物，或倾向于描述人及其行为或状态，因而常用人称。汉语主语人称倾向的表现主要有以下三点：有灵主语句、泛称主语句和无主句。

简明英汉互译

1. 有灵主语句

有灵主语（animate subject），指用有生命的人或社团组织的名称作主语，而与之搭配的谓语通常是描述人或社团等动作或行为的有灵动词，因为根据中国人的思维习惯，人或社会团体才能发出这类有意识、有意志的行为，其句式多为主动句。

举 例

1. 人逢喜事精神爽。（人称名词"人"作主语）
   Joy puts heart into a man.
2. 我昨天收到了你的信。（人称代词"我"作主语）
   Your letter reached me yesterday.

2. 泛称主语句

汉语的思维习惯重"事在人为"，人的动作和行为必然是由人做的，事或者物不可能自己去完成这些动作和行为，因而常采用人称表达法；若无法说出确定的人称时，则采用泛称，如"有人""大家""人家""别人""人们"等来维持思维形态的主体性，即首先强调"人"。

举 例

1. 有人说阅读决定着一个民族思维的深度和广度。
   It is stated that reading determines how deeply and widely a nation can think.
2. 现在人们越来越关注环保了。
   Recently, more and more attention has been focused on preserving the environment.

3. 无主句

当汉语句子无法采用人称和泛称，或主语不必说出时，会广泛使用无主句。

举 例

1. 要发展就要变，不变就不会发展。
   Development means change; without change, there can be no development.
2. 在当今社会，学好英语十分重要。
   It is extremely important to master English in society today.

由上可见，英语句子常用物称主语，而汉语句子多用人称主语。在翻译中，为了使译文符合英汉各自的思维方式和表达习惯，必须注意句子主语的转换。

第二节 英译汉——物称主语转换为人称主语

英译汉遇到物称主语句时,往往要采取物称主语转换为人称主语的方法,即从原句中找出合适的人称名词或人称代词译作汉语句子的主语,同时对原句的物称主语和谓语动词加以转换与变通,使译文更符合汉语的表达习惯。以下是英语物称主语句常用的翻译方法:

一、原句物称主语转换为汉语小分句

英语中的无灵主语句结构严密紧凑、言简意赅。许多句子从语法上看似是简单句,却表达着并列句或复合句的语义和逻辑关系。翻译时不能照搬原文的表达方式,可根据句间隐藏的逻辑关系,将原句的无灵主语部分翻译成汉语的小分句,然后把原句的其他成分翻译成另一个小分句。翻译过程中,还要注意叙述视角的转变:从原句中选取人称名词或人称代词译作译文的主语。

举 例

1. The sight of the girl always reminds me of her parents.
   我一见到这个女孩,就想起她的父母。
2. An urgent telegraph hurried him to Los Angeles.
   他收到一份紧急电报,匆匆去了洛杉矶。
3. The suddenness of the alarm and the evidence of great danger robbed the villagers of their usual readiness.
   恐慌突然降临,巨大的危险就在眼前,村民们失去了往常的自如。

上述三个例句中的物称主语从原文的简单句中拆出来,译成了汉语的小分句,以时间和事理为线索,按照实际的"时序"和"事序"来安排,使译文符合汉语句子的"流水型"结构。而且,拆译过程中,也找出了合适的人称 me(我)、him(他)和 the villagers(村民们)作为分句的主语,使得译文从人称出发,横向铺叙,层层推进。

英语的简单句若拆译成汉语的复句,分句前常常要增补一些连词,如"因为""所以""如果""虽然""但是""只要""就"等,借以将原句的逻辑关系明确表达出来。

举 例

1. Carelessness caused his failure in this year's college entrance examination.
   因为粗心,他今年高考落榜了。(因果关系)
2. Further delay would cause us greater losses.
   如果再耽搁,我们将会蒙受更大的损失。(条件关系)

简明英汉互译

3. A little flattery would set him carried away.
   只要听到几句恭维话，他就会得意忘形。（条件关系）

二、原句物称主语转换为汉语的外位成分

对于英语中较长的无灵主语或是含有分词结构的无灵主语，可以把物称主语从原句拆出来，转换为汉语的外位成分，然后再用汉语的代词"这"来复指这个外位成分。这样的拆译和转换既可以避免汉语的主语太长，又能使主谓靠拢，使整个句子紧凑、逻辑关系清晰。

举 例

1. His knowledge of applied science will stand him in good stead.
   他懂得应用科学，这对他很有利。
2. His escaping with the big fortune helped bring her realize her carelessness.
   他携巨款逃走，这才令她意识到是自己一时疏忽。
3. Their refusal to attend the conference embarrassed the chairman.
   他们拒绝参加这次会议，这使得主席很尴尬。

译学常识

外位成分是指把句中的某一成分（如主语）抽到句子前头，而在其原来的位置上用另一个词（如"这""他"）来代替它，这种抽到句子前头的成分就是外位成分。

三、原句物称主语转换为汉语的状语

把英语物称主语译为汉语的状语，也是一种比较普遍的做法，常见的转换有方式状语、时间状语、地点状语等。

举 例

1. Investigation led us to the foregoing conclusion.
   经过调查，我们得出了上述的结论。（方式状语）
2. The following three days will see us on a tour to Tokyo by train.
   接下来的三天，我们将乘火车游览东京。（时间状语）
3. Darkness released him from his last restraints.
   在黑暗中，他就再也没有什么顾忌。（地点状语）

四、物称主语句转换为汉语泛称主语或无主句

若英语的物称主语句中没有任何相关的人称代词或名词,可以用"有人""别人""大家""人们""你"等泛指人称词作为译文的主语或者翻译为汉语的无主句。

举 例

1. The problem of negative population growth has to be approached in a world environmental context.
   人们必须联系世界环境大局去研究人口负增长问题。(泛称主语句)
2. The above facts insist on the following conclusions.
   根据上述事实,我们不得不得出以下结论。(泛称主语句)
3. Measures have been taken to prevent the epidemic from spreading quickly.
   已经采取了措施来防止这种流行病迅速蔓延。(无主句)

译海拾贝

经典英语广告词翻译——"物称主语"转换为"泛称主语/无主句"
- Things go better with Coca-Cola.
  喝了可口可乐,你会事事如意。
- The Globe brings you the world in a single copy.
  一册在手,纵览全球。(《环球》杂志)

五、采用拟人化的句式

现代汉语因修辞的需要,用无灵名词作主语的句子也偶有存在,因此翻译英语的物称主语句时,有时也可以直接采用拟人或隐喻的修辞手法直译,但不能滥用。

举 例

1. Bad news has wings.
   好事不出门,坏事传千里。
2. Illness deprives him of life.
   疾病夺走了他的生命。
3. When poverty comes at the door, love flies out of the window.
   贫困门前到,爱情窗外逃。

第三节　汉译英——人称主语转换为物称主语

在汉译英的过程中，要反映出英语的客体思维方式，让句子以客观事实的形式呈现出来，因此用物称代替人称常常是一种有效的手段。

一、人称主语句转换为物称主语句

1. 原句表事物的名词转换为英语句子主语

汉语句子习惯用人作主语，而英语常用事物或抽象概念作主语，所以在汉译英时，我们可以选取原文中"无生命"的名词作为主语，再搭配使用有灵动词（如 prevent... from、favor、keep、take、invite、drive）译出。

举　例

1. 他因病未能参加会议。
   His illness prevented him from attending the conference.
2. 唯有时刻做好准备的人，才能抓住机遇。
   Chances favor the minds that are prepared.
3. 我每当听到一个旧友死去的消息，总要惆怅多时。
   The news of any old pal's death will invariably make me sad in my heart for a long, long time.

以上几例译文也可以用人称主语。如例句 1 也可以译为"He was absent from the conference because of his illness.",但是用 his illness 作主语，译文更简洁、准确。例句 2 也可以译为"Only those who are well prepared can seize the chances.",但是该译文显得头重脚轻，而采用倒序翻译，将原文中的人称主语"人"译为 the minds，放在宾语位置，又巧用无灵名词 chances（机遇）作为全句的主语，立意新颖，然后有灵动词 favor 紧紧跟上，译文重点突出，流畅自然。例句 3 也可以译为"Every time I heard the news of any old pal's death, I would be sad for a long time.",但该译文显得平淡无奇，而巧用 the news（消息）这一无灵名词统领，用物称代替人称，译文更有感情色彩，更符合英语的表达习惯。

2. 原句动词转换为英语句子主语

第四章曾提到，汉语是动态倾向语言，英语是静态倾向语言，故英语中动词的名词化现象特别普遍。汉译英时，可将原句中的动词进行名词化处理，以充当译文的物称主语。

第七章　物称与人称

> **举　例**

1. 我们步行十分钟就到了那家饭店。
   A ten minutes' walk brought us to the restaurant.
2. 中国实施西部大开发战略有利于扶贫。
   The implementation of the large-scale development strategy for the western region of China is helpful for poverty alleviation.
3. 越来越多的科学家们猜测2岁以下的婴儿也可能感染这种病毒。
   A broader guess from the scientists is that babies below 2 years old can also be infected with the virus.

例句1在充分理解原文的基础上进行了"视觉转换",将原句中的动词"步行"转换为名词walk来充当译文的无灵主语,放弃了原有的人称主语"我们",符合英语主语物称倾向的特点。例句2也没有选用原有的国家名称"中国"来作为译文的主语,而是抽取了动词"实施",并将其名词化(implement–implementation)后充当译文的主语,使译文的表达简洁、客观。例句3则将动词"猜测"名词化来充当句子的无灵主语,而原文的有灵主语"科学家们"变为中心词的后置定语,译文精练到位,一语道破。

在将动词名词化的转换过程中,我们甚至可以将汉语句子的小分句整体简化为译文的物称主语,再搭配合适的有灵动词,将原句"合二为一"译为简单句。

> **举　例**

1. 如能在工作和休息之间取得平衡,你便能避免过度疲劳。
   Balance between break time and work time helps you avoid burnout.
2. 他长期放纵自己,过量喝酒、吸烟,结果身体突然垮了。
   Constant indulgence in over drinking and smoking brought about his collapse.
3. 因为专业,所以更好。
   Expertise achieves better quality.

例句1和例句2选择将原文分句中的谓语动词"取得平衡"和"放纵自己"转换为名词balance和indulgence,并借用介词between和in引出对象"工作和休息"和"过量喝酒、吸烟",再搭配使用有灵动词help与bring,以简单句的方式译出,紧凑到位。例句3广告词的翻译中,同样将原因分句"因为专业"转换为名词expertise,搭配使用achieve,使得译文结构简洁明了,符合广告语的特点。

3. 原句状语转换为英语句子主语

第六章提到,部分以时间和地点为话题的汉语句子,翻译时可将时间和地点状语选为英语句子的主语。同样,若汉语的人称主语句出现时间、地点或其他状语成分时,也可以将这些状语成分转换为英语的物称主语。

> **举　例**

1. 最近几十年,移民发达国家的人越来越多。
   Recent decades have seen increased migration to developed countries.

2. 中国共产党在上海成立。
   Shanghai witnessed the birth of the Chinese Communist Party.
3. 听到这个好消息时，我高兴得一句话也说不出来。
   The overwhelming happiness over the good news left me speechless.

例句1和例句2分别将原文的时间状语"最近几十年"和地点状语"在上海"处理为无灵主语，引出该时间和地点所发生的事情，句子变得更加灵动，也增加了句式的多样性，让英语译文增色不少。例句3中，原文的有灵主语"我"在译文中被转换成宾格代词me，主信息词"高兴"反而力压一切，放在句首的黄金位置上，作为无灵主语，主动词left紧随其后，选词恰到好处，speechless一词也给读者以静态的画面感。

4. 原句人称主语转换为 it 作形式主语或 there be 句式

汉语的人称主语句还可以转换成it作形式主语或there be句式，使译文句子避免头重脚轻，且表述更加客观。如网络流行语"我太难了！"就可以翻译为"It is too hard/difficult for me."，客观反映出我很艰难的状况。

举 例

1. 中国人到底从什么时候开始用筷子的还是个谜。
   It remains a mystery when Chinese people started to use chopsticks.
2. 他从未想到自己经历十多年的努力后，能在激烈的竞争中脱颖而出。
   It never occurred to him that he could stand out in the fierce competition after over ten years of hard work.
3. 你面前有两条路：其一，坦白交代；其二，拒不认罪。
   There are two roads for you to choose: confessing your crimes or refusing to confess them.

在实际语用环境中，有时原文的主语出于礼貌原则不宜现身，此时选择it作形式主语或there be句式可有效达成交际目的，如"请勿乱丢宣传单，违者可被监控。"可译为"It is an offense to litter handbills."。

二、泛称主语句转换为物称主语句

汉语中的泛称主语句，只是用来维持思维形态的主体性，即首先强调"人"，但泛称往往并不是句子的信息焦点，因此在英译时，可采用"it is + 过去分词""there be"句式等非人称主语句型，以突出句子中心。

举 例

1. 也有人相信风筝是古代木匠鲁班发明的。
   It is also believed that the kite was invented by Lu Ban, an ancient Chinese carpenter.
2. 越来越多的人对中国故事感兴趣。
   There is a growing zest in China's stories.

3. 人们一致认为我们需要建设可再生能源。
   <u>There is</u> a consensus that we need to build renewable power.

三、无主句转换为物称主语句

汉语无主句翻译成英语时，需要增补出主语或改变其原文结构。此时，考虑到英语主语物称倾向这一特点，选择或增补非人称主语也是翻译汉语无主句的方法之一。

举 例

1. 要促进人与自然的协调与和谐。
   <u>It</u> is necessary to enhance the balance and harmony between man and nature.
2. 在中国，也流传着这样的话："上有天堂，下有苏杭"。
   In China, <u>there is</u> a similar saying, "In heaven there is a paradise, while on earth there are Suzhou and Hangzhou".
3. 多渠道做好重点群体就业工作，支持大众创业，万众创新带动就业。
   <u>Multiple channels</u> were tapped to ensure employment for key groups, and <u>startups and innovation</u> were encouraged as a way to create jobs.

例句 1 增补了非人称代词 it，用作形式主语引导整个句子，将真正的主语 to enhance the balance and harmony between man and nature 置于句末，这样既照顾了句子的平衡，又符合英语主语物称倾向的要求。例句 2 采用了 there be 句式，叙述方式客观，具有明显的物称倾向。例句 3 抽取了原句中心词"多渠道""大众创业"和"万众创新"来作为译文的无灵主语，全句改为被动结构，增加了译文的严谨性，可读性增强。

同样，本章引子中"十年树木，百年树人"这一典型的汉语无主句也可以借鉴例句 1 的译法，增补非人称代词 it 作形式主语，译为"It takes ten years to grow trees and a hundred years to nurture talents."。

综上所述，英语多用物称主语，而汉语多用人称主语，这体现了英汉思维方式的不同，也使得翻译过程中主语的确定成为一个至关重要的问题。在确定主语时，译者要考虑英汉思维方式、语言习惯以及句中上下文的逻辑关系，巧妙地进行转换，使译文更符合译入语的表达方式和习惯。

练 习 题

一、选择填空题

| A. prevented | B. driven | C. rooted | D. reached | E. led |
| F. accompanied | G. deserted | H. occurred | I. filled | J. saw |

1. 最近我们都没有听到有关约翰的任何消息。
   Not any word of John _____ us lately.

2. 新年那天，他们参加游园活动，玩得很开心。
   New Year's Day _____ them enjoying themselves in the activity of gala.
3. 人们永远不会忘记这场灾难。
   The disaster will be _____ in our memory forever.
4. 由于天气寒冷刺骨，人人都已躲进了室内。
   The bitter weather had _____ everyone indoors.
5. 那一刻我完全丧失了勇气。
   The courage _____ me at the moment.
6. 我从来没想到她这么不老实。
   It never _____ to me that she was dishonest.
7. 通过讨论，我们做出了这一决定。
   Discussion _____ us to this decision.
8. 天气太糟糕，我们无法动身。
   Bad weather _____ us from starting.
9. 他一想到面试就十分担忧。
   Thought of the interview _____ him with apprehension.
10. 他进门时带进来一缕卷烟烟雾。
    A wave of cigarette smoke _____ him in.

二、句子翻译

1. Spending festivals alone is a nightmare for the aged without any company.
2. My duty forbids me to fly from danger.
3. The trip to work, and the boredom and nervousness of jobs kill him.
4. Rich experience keeps him smooth in his work.
5. It would be one setback too many for him.
6. 人们现在把这个节日当作浪漫的情人节来庆祝，尤其是在年轻人中间。
7. 他失职了，这说明他没有资格做这件事。
8. 海外华人时刻关注祖国。
9. 这个问题如果不解决，势必严重损害两国关系。
10. 得知老人的经历后，我们对他深感同情。

三、段落翻译

　　北京有无数的胡同（hutong）。平民百姓生活在胡同里，给古都北京带来了无穷的魅力。北京胡同不仅仅是平民百姓的生活之处，而且还具有极高的文化价值。通常，胡同内有一个大杂院（courtyard complex），房间够4到10个家庭的差不多20口人住。所以，胡同里的生活充满了友善和人情味。如今，随着社会和经济的飞速发展，很多胡同被新的高楼大厦所取代，改造并保护胡同成为热点话题。

第八章

被动与主动

你知道
- "吉人自有天相"怎么翻译吗？
- "欲把西湖比西子，浓妆淡抹总相宜"怎么翻译吗？
- "吓死宝宝了"怎么翻译吗？

简明英汉互译

 第一节　英汉语态差异

一、英语被动语态使用普遍

被动语态是英语中一种常见的语法现象，其使用范围之广、数量之大都是汉语无法比拟的。从词汇方面来说，英语中绝大多数及物动词和相当于及物动词的动词短语都有被动语态。

举 例

1. Rome wasn't built in a day.
   罗马不是一天建成的。
2. The happy man cannot be harried.
   吉人自有天相。
3. Much effort has been put into the drafting and in my opinion, both documents are well thought out.
   这两份文件都是花了大工夫的，我看都是比较成熟的。
4. Air that is cooled suddenly shrinks as some of the moisture is squeezed out, and clouds are formed.
   突然冷却的空气，由于挤出了部分水分，体积收缩，就变成了云。

从句子层面上来看，当强调受事者、无须说出施事者、不愿说出施事者、施事者已隐含其中时，或是为了表达某种情绪或语气、使上下文更加通顺等，英语一般都会使用被动语态句。

举 例

1. Some books are to be tasted, others to be swallowed, and some few to be chewed and digested.
   有些书只需浅尝辄止，有些书该囫囵吞食，还有少数的书则当细嚼慢咽。（培根，《论读书》）（强调受事者）
2. Some things have been said tonight that ought not to have been spoken.
   今晚有人说了一些不该说的话。（不愿说出施事者）
3. Many advances in computer technology took place in the twenty years after 1950 and they are generally classified into four stages or generations.
   在1950年以后的20年里，计算机技术取得了很大进步，一般划分为四个阶段或四代。（为了上下文连贯）

上述三个例句中，例句1强调受事者"书"，使用被动语态。例句2由于不想冒犯他人，所以不能或不愿说出施事者，于是使用被动语态，表达了一种不满的情绪。例句3中用 and 连接两个分句，为了语句连贯，使用了同一主语，因而后一并列分句使用了被动语态。

第八章　被动与主动

　　另外，在英语中的信息性文体（如科技文体、新闻文体、公文）中，被动语态使用频率非常高。这是因为英语中被动语态通常含有客观的意义，更能体现正式、中立与公正的文体特点。此外，信息性文体描述的主题往往注重客观的事物、现象或过程，而非从事某些工作的人或物，这时使用被动语态，将受事者放在主语的位置，有利于将读者的注意力集中在这些客观事物上。

举　例

When the crude oil is obtained from the field, it is taken to the refinery to be treated. When the oil is heated, the first vapors to rise are cooled and become the finest petrol.
油田打出原油以后，便送到炼油厂去处理。石油经过加热，最先冒出来的蒸汽冷却后就是质量最高的汽油。（索恩利，《油》）

二、汉语被动语态使用受限

　　汉语语态以主动语态为主，被动语态使用得较少。以上所有例句的译文已经充分展示了这一特点，因为以上所有例句都使用了汉语的主动语态来翻译，均未出现表示被动的字眼。对于汉语中被动语态使用较少的现象，刘宓庆归纳出三个原因。第一，历史原因。汉语在历史上称被动语态陈述句为"不幸语气（inflicted tone）"，通常有"消极、悲观、负面"的含义，如"挨打""遭袭""受伤"等，这种语用功能方面的限制大大制约了被动语态的使用范围。第二，汉语中有多种句式用来表达被动意义，其被动的叙述手段不限于使用"被""挨""遭"等被动标签词，还可以使用"是……的"句型、"把"字句、使动句等多种表达方式。第三，汉语常使用形式主动、意义被动的表达，其原因是这样的表达在语感上比较直接、自然，如"工作完成了（The work has been finished.）""问题解决了（The problem has been solved.）"比"工作被完成了""问题被解决了"显得自然。

译海拾贝

欲把西湖比西子，浓妆淡抹总相宜。
West Lake may be compared to Beauty of the West,
Whether she is richly adorned or plainly dressed.（许渊冲　译）

　　另外，在第七章已经提到汉语习惯使用"人称主语"，强调"以人为本"，以"人"为中心，因而多使用主动句去描述事件。当难以指明施事者，或者施事者为多人或群体时，汉语常采用泛称作主语，如"有人""大家"等，以此来保持"人称主语"的使用习惯。
　　鉴于英汉之间在语态使用上的诸多不同，在英译汉中，若直接将英语的被动句翻译成汉语的"被"字句，就会显得生硬且不符合汉语表达习惯。因而，在很多情况下，需要对英语中的被动语态进行转换，转译为汉语的主动语态。在汉译英时，有些汉语的主动句可以根据其语用功能译为英语的被动句。

简明英汉互译

 第二节　英译汉中的语态转换

一、英语的被动语态转换为汉语的主动语态

英语被动语态使用普遍，但汉语被动语态使用受限，因此，在英译汉的过程中，常常将英语的被动语态转换为汉语的主动语态，主要分为以下三种情况。

1. 原句中的主语仍译为译文的主语

（1）译为"受事者+动词"的结构

原句中的主语为受事者，在译文中，依旧将其作为汉语句子的主语，但整个汉语句子不出现"被"字，而是直接采用"受事者+动词"的结构。

举　例

1. He was born in a village, brought up in a town and is employed in a metropolis at present.
   他生于乡下，长于城镇，现在就职于大都会。
2. The sense of inferiority that he acquired in his youth has never been totally eradicated.
   他在青少年时期留下的自卑感从未完全消除。

以上两个例句译文均采用了形式上的主动句，省略了"被"字，未改变原句的主谓顺序，符合汉语的表达习惯。

（2）译为判断句

有些被动语态的句子，可以译为汉语中"是……的"结构的判断句，其主语位置保留不动，因而无论在句型结构还是表意方面，都能很好地传达原文的内容。

举　例

1. Poets are born, but orators are made.
   诗人是天生的，演说家是后天造就的。
2. We are gathered in the cause of liberty.
   我们是为了自由大业聚在一起的。
3. History is made by the people.
   历史是人民创造的。

以上三个例句中，原句为"be+过去分词"的结构，译为汉语的判断句，符合汉语语言习惯，通顺流畅。

第八章　被动与主动

2. 原句中的主语转换为译文的宾语

（1）译为"施事者+动词"的结构

如英语原文中已经以某种方式说出了动作的施事者，如用 by 引出动作的发出者，那么需要将此施事者译出。同时，由于汉语被动语态常包含"不幸语气"的特点，当英语被动句的动词描述的是正面或中性的动作（非"不幸语气"），且原句中给出了施事者时，常常要译为汉语的主动语态，并将动作发出者放在汉语句子主语的位置上，即译为"施事者+动词"的结构。

举 例

1. Our plan has been approved by the president of our university.
   校长批准了我们的计划。
2. He is revered and admired by all of us.
   我们大家都敬仰他，钦佩他。
3. What measures have been adopted by the local government to reduce air pollution?
   当地政府采取了哪些措施来减少空气污染呢？

上述三个例句中，approve、revere、admire、adopt 这四个动词及三个句子表达的都是褒义或者中性的感情色彩，且每个句子都由 by 引出了施事者，所以不妨将施事者作为汉语译文的主语，译为形式及意义上都为主动语态的汉语主动句。

（2）译为"泛称主语+动词"的结构

如英语原句中没有出现具体的施事者，但却可以推断出施事者为泛称的人，那么在译为汉语时，可以译为第七章提到的泛称主语句。

举 例

1. Mr. Li is considered to be a good teacher.
   大家认为李先生是位好老师。
2. Her plans for a movie career are believed to have all been merely a pipe dream.
   有人认为她当电影明星的计划不过是黄粱美梦。
3. To explore the moon's surface, rockets were launched again and again.
   为了探测月球的表面，人们一次又一次地发射火箭。

上述三个例句中，将英语的被动语态转译成带有泛称主语"大家""有人"和"人们"的主动语态句，符合汉语的表达习惯。

（3）译为无主句

汉语中无主语句比比皆是。在很难断定动作的发出者、不能说出或无须说出动作的发出者等情况下，汉语会使用无主句。在英译汉中，很多原句中没有给出施事者的被动句，可译为汉语的无主句。

特别是一些表示建议、命令、请求或要求的英语被动句，例如，当原句中有 should、must 等情态动词，或者 suggest、require、need、request、ask 等表示建议、要求、请求的动词时，可译为汉语无主句。另外，含有修饰全句的时间状语或地点状语的英语被动句

简明英汉互译

可译为"话题—评论"结构的汉语无主句，此种情况下，可将时间或地点状语放在句首作为话题。

举 例

1. The quality of product <u>must be guaranteed</u>.
   <u>必须保证</u>产品质量。
2. Attention <u>should be paid</u> to taking effective measures to prevent air pollution.
   <u>应当注意</u>采取有效措施防止空气污染。
3. Some pictures <u>were hung</u> on the wall.
   墙上<u>挂了</u>一些画。
4. At the end of rebuilding, the wellness area <u>will be remodeled</u> and an annexe <u>will be built</u> with suites for long-term residents with hotel service.
   改建后期<u>将改造</u>保健区，还将<u>建造</u>一座带套房的配楼，供长期住在宾馆的客人使用。

以上例句 1 与例句 2 原文中没有施事者信息，且分别出现了情态动词 must 和 should，根据原文语气，将句子译为汉语的无主句，从而在保证原文的内容和风格的同时，使译文通顺，符合汉语表达习惯。例句 3 原文中也没有施事者的信息，同时包含修饰全句的地点状语 on the wall。在英译汉时，将其译为地点状语作话题的"话题—评论"句，"墙上"作为"话题"放译文句首。若将此句直译为"一些画被挂在墙上"，就显得"翻译腔"十足。例句 4 的句子结构和例句 3 类似，未给出施事者信息，同时包含有修饰全句的时间状语 at the end of rebuilding，因而译为时间状语作话题的"话题—评论"句，"改建后期"作为话题放译文句首。如将此句直译为"在改建工程后期，保健区将被改造，一座带套房的配楼也将被建造供长期住在宾馆的客人使用。"，就太过于生硬了。

（4）译为"把"字句或使动句

当英语原句强调被动动作的结果时，可译为汉语的"把"字句或者使动句；如果原文文体比较正式，可以将"把"字改为"将"字。

举 例

1. The news <u>was passed on</u> by word of mouth.
   众口相传就<u>把</u>这则新闻<u>传开了</u>。
2. Their friendship <u>was turned</u> to enmity through idle gossip.
   流言蜚语<u>使</u>他们之间的友谊<u>变成了</u>仇怨。
3. Metals <u>are</u> deliberately <u>mixed</u> to produce hundreds of new substances with desirable qualities not otherwise available.
   有意识地将各种金属混合在一起，可以产生数百种新物质。这些物质的特性合乎人们的需要，也是一般金属所没有的。

3. 特殊被动句型"It is + 过去分词 + that 从句"的译法

在"It is + 过去分词 + that 从句"句型中，it 为形式主语，真正的主语为 that 引导的主语从句。此结构可译为无主句，或在译文句首添加泛称主语。

译为汉语无主句时，常常在句首加"据"字，使整句话以"据说""据报道""据估计""据调查"等开头。如果英语原句中包含有情态动词，就不需加"据"字，而是根据情态动词的含义译为"可以……""必须……"等。

如果此特殊被动句型"It is+ 过去分词 +that 从句"中的谓语动词是 know、think、believe 等表示人的感知或观点的词，在译为汉语时，一般要添加泛称主语，如"人们""大家"等。

举 例

1. It is said that the accident was due to negligence.
   据说，那场事故缘于玩忽职守。
2. It must be pointed out that some questions have yet to be clarified.
   必须指出，有些问题尚待澄清。
3. It is known to all that everything in the universe is in constant motion and constant change.
   大家知道，宇宙万物都在不断地运动和变化。
4. It is commonly believed that acid solutions do not affect gold, but that is not true.
   人们普遍认为，酸溶液对黄金不起作用，但这并非事实。

二、英语的被动语态转换为汉语的被动语态

着重强调被动意义时，或者当被动句的谓语动词含有"不幸语气"时，汉语译文会保留英语原文的被动语态。在汉语中，除了"被"字可以表达被动语态之外，"受""给""挨""遭""令""加以""予以""为……所"等也是汉语的被动标签词。

举 例

1. He was fired for incompetence.
   他因不胜任工作而<u>被解雇</u>了。
2. The boy was beaten black and blue.
   那孩子<u>给打</u>得青一块紫一块。
3. If this is not stopped, the financial crisis will deepen.
   如果不<u>加以阻止</u>，金融危机将会加剧。
4. He was beguiled by her beauty.
   他<u>为</u>她的美丽<u>所倾倒</u>。

译家之言

　　事实上，在许多场合，中文的被动态是无须点明的。"菜吃光了"，谁都听得懂。改成"菜被吃光了"简直可笑。……但是公式化的译者，一见被动语气，照例不假思索，就安上一个"被"字，完全不想到，即使要点明被动，也还有"给""挨""遭""教""让""为""任"等字可以酌用，不必处处派"被"。在更多的场合，我们大可将原文的被动态，改成主动，或不露形迹的被动。　　——余光中

简明英汉互译

 第三节　汉译英中的语态转换

一、汉语的主动语态转换为英语的被动语态

鉴于英汉两种语言在语态使用上的差别，在汉译英的过程中，会把汉语的某些主动语态句转译为英语的被动语态句。在本节中，主要分析六种汉语的主动语态句，这些句子一般都会转译为英语的被动语态句。

1. 形式主动、意义被动的句子

汉语中有很多使用受事者作为主语，表示被动含义，但在句型结构上却为主动形式的句子。根据汉语的使用习惯，人们会将这些句子中的被动语态标签词，如"被""给""遭"等略去不讲。如"困难克服了"，其实际意义为"困难被克服了"。在翻译时，译者需要将此类句子的被动意义还原到英语译文中。

举 例

1. 文章总算写完了。
   The article has finally been finished.
2. 物质既不能创造又不能消灭。
   Matter can neither be created nor be destroyed.
3. 他们的事迹可学可做，他们的精神可追可及。（习近平总书记在庆祝中国共产党成立100周年"七一勋章"颁授仪式上的讲话）
   Their deeds can be followed and their spirits can be pursued.
4. 没有人生而英勇，只是选择了无畏。
   No one is born a hero, yet their selflessness made them fearless.

上述四个例句中，原句画线的动词都隐含了被动关系，因而在翻译时，需要显化被动语态，译为英语被动句。

译海拾贝

我生来就是高山而非溪流，我欲于群峰之巅俯视平庸的沟壑。我生来就是人杰而非草芥，我站在伟人之肩蔑视卑微的懦夫！
——张桂梅（云南省丽江市华坪女子高中誓词）
I was built to be a mountain not a creek, rising to the high peaks with the small valleys at my feet. I was born to be great, not worthless, standing on the shoulders of the giants, the petty cowards beneath me.

第八章　被动与主动

2. 汉语的判断句

一般来说，使用汉语的判断句型"是……的"，且没有表明施事者的句子可译为英语的被动语态句。

举　例

1. 印刷术<u>是</u>从中国传入欧洲<u>的</u>。
   Printing <u>was introduced into</u> Europe from China.
2. 习惯<u>是</u>慢慢<u>养成的</u>，在幼小的时候最容易养成。
   Habit <u>is formed</u> little by little, and most easily in one's childhood.

以上两个例句，都采用了"是……的"的结构且未出现施事者，译为英语被动语态句最为合适。

3. 汉语的部分无主句

汉语无主句大量存在，除第六、七章提到的翻译策略之外，很多汉语无主句也可译为英语被动句。如"吓死人／我／宝宝了"可以译为"I am scared."或者"I am freaked out."。

举　例

1. 通过特殊设计装置使发动机更有效地燃烧燃料，<u>可以降低</u>发动机一氧化碳的排放量。
   The amount of carbon monoxide that an engine gives off <u>can be reduced</u> by special devices designed to make the engine burn the fuel more efficiently.
2. 必须推进以德育为核心，以创新精神和实践能力为重点的素质教育。
   The quality-oriented education <u>should be promoted</u> concentrating on moral education and the development of creativity and practical ability.
3. 明年将出版更多的书籍。
   A greater number of new books <u>will be published</u> next year.
4. 边远省份要修更多的公路。
   More highways <u>will be built</u> in far-flung (remote border) provinces.

上述例句 1 为科技类文体，译为英语被动句符合其文体的客观性特点。将汉语无主句的宾语"发动机一氧化碳的排放量"作为英语被动句的受事者，放在被动句主语的位置。例句 2 将受事者"素质教育（the quality-oriented education）"置于译文主语位置上，将其凸显出来，符合英语读者的阅读习惯，同时被动语态也增强了本句的客观公正性，更容易使人信服。例句 3 和例句 4 是"话题—评论"结构的无主句，分别将原句中宾语译为译文主语，原句中作"话题"的时间状语或地点状语放在句尾。

4. 汉语的部分泛称主语句

汉语句子中如有表示泛称的主语，如"有人""大家""人们"等，也可以尝试转译为英语的被动语态句，泛称主语不译出。

简明英汉互译

举 例

1. 大家围住了他，向他提出一个又一个问题。
   He was surrounded and asked a lot of questions.
2. 人们取消了春节期间的走亲访友和各种聚会。
   Visits to friends and relatives were canceled and so were other gatherings.

　　例句1中的"大家"实际上是指当时在场的人，如果将之译为everybody，会产生歧义，所以将此句译为被动语态，泛称主语"大家"不译出更妥当。例句2使用泛称主语"人们"说明"取消聚会"的现象是普遍存在的，译为被动语态，显得对此种现象的观察立场更为客观。

5. 汉语中的一些特殊句型

　　以"据说""据报道""必须说明""需要指出"等开头的汉语无主句，一般翻译为英语被动句型"It is + 过去分词 + that 从句"的形式。

举 例

1. 据说，她能讲几种外语。
   It is said that she can speak several foreign languages.
2. 事实证明，社会上许多领域是不适宜引入市场机制的。
   It has been proved that market forces are not applicable to every sector in our society.

　　类似的习惯表达在汉语中还有很多，基本都可以直接套用"It is + 过去分词 + that 从句"的结构翻译。

举 例

1. 据报道（据报告）……　　　　　It is reported that...
2. 据推测（有人推测）……　　　　It is supposed that...
3. 据估计（据预计）……　　　　　It is estimated (predicated) that...
4. 必须承认（毋庸讳言）……　　　It must be admitted that...
5. 人们（有人、大家）以为……　　It is thought (considered) that...
6. 人们（有人、大家）相信……　　It is believed that...
7. 不用说（谁都知道）……　　　　It is understood that...
8. 无可否认……　　　　　　　　　It cannot be denied that...
9. 可以肯定……　　　　　　　　　It may be confirmed that...
10. 可以有把握地说……　　　　　　It may be safely said that...

6. 表示通知、邀请、请求或动员的句子

　　汉语中有些表示通知、邀请、请求或动员的句子，其中有些为无主句，有些句中使用"请""敬请"等词汇，也有些句子结构完整，但语气非常正式。在汉译英时，为了传递出正式或者委婉的语气，一般将这些句子转换为英语的被动语态，从而获得语气上对等的效果。

第八章 被动与主动

> 举 例

1. 今天邀请大家来开座谈会，主要是听听各位对这项计划的意见。
   You have been invited to this forum today to exchange your ideas about this plan.
2. 请本大厦各租户协助我们的工作。
   Cooperation from all tenants would be appreciated.
3. 全体同学必须在本周五之前把所借图书归还图书馆。
   All the students are required to return to the library all the books borrowed from it before Friday this week.

　　以上三个例句，原文语气均比较正式，表示邀请和通知，为了在译文中实现同样正式的语气效果，均译为英语的被动语态句。

二、汉语的被动语态转换为英语的被动语态

　　汉语中被动语态使用较少，但形式多样。一般来说，带有汉语被动语态标签词的汉语被动句可以直接译为英语被动句。"被""受""由""挨""遭""叫""让""给""为""加以""予以""为……所"等词汇皆是汉语被动语态的标签词。

> 举 例

1. 这个小男孩上周挨了三次批评。
   The little boy was criticized three times last week.
2. 他遭到两个蒙面人的袭击。
   He was set upon by two masked men.
3. 她叫雨淋着了。
   She was caught in the downpour.
4. 庄稼让洪水冲毁了。
   The crops were washed away by the flood.
5. 我所有的积蓄都给偷走了。
   All the money I had saved was stolen.

　　上述五个例句描述的都是不幸的、令人不愉快的事情或经历。在前两个小节中都有提到汉语的被动语态句常用于表达"不幸语气"，因而在看到含有"不幸语气"的汉语被动句时，译者可以直接将其译为英语被动句。
　　但在现代汉语中，汉语的被动语态句也并不完全局限于"不幸语气"，在表示中立甚至正面的态度时，也可使用被动语态。同样，这种描述中性或积极事件的汉语被动句也常译为英语被动句。

> 举 例

1. 我想关心别人，也想被别人关心。
   I want to care and be cared about.

2. 他受人尊敬。
   He is respected by all.
3. 这件事由领导讨论和决定。
   The decision was discussed and decided by the management.
4. 恶衣恶食，不足为耻。丰衣足食，不足为荣。（梁实秋，《养成好习惯》）
   It should not be regarded as a disgrace to live a simple life. Nor should it be regarded as a glory to live a luxurious life.（张培基 译）

　　综上所述，英语使用被动语态，常常是为了表示某种客观、公正或非人称的语气，其被动语态使用普遍；汉语被动语态使用较少，如要表达同样的语气，往往采用主动语态，使用无主句、泛称主语句等句式。在英汉互译中，主被动语态的转换是一种常用的翻译策略。译者需要在分析英汉两种语言差别和原文语气的基础上，根据英汉语言不同的语态使用习惯进行翻译，才能使译文更准确、清晰、流畅。

练 习 题

一、填空题

　　请填入恰当的内容，完成译文。

1. The economic development is decided to great extent by science and technology.
   经济的发展在很大程度上_____。
2. It was generally believed that the fatter a man was, the healthier he was.
   _____ 人越胖越健康。
3. He was seen talking to the official.
   _____ 和那位官员说话。
4. In the cooperation with other countries, our culture tradition must be kept.
   在与国外合作的过程中，_____。
5. Many measures have been taken to support and aid the poor in China.
   _____ 已经采取了许多措施来扶贫。
6. 计划是我起草的，但作决定的是领导。
   The plan _____ by me, but it _____ by the boss.
7. 一个人有无智慧，往往体现在做事的方法上。
   Whether a man is wise or not _____ the way he deals with problems.
8. 请参观者不要用手摸展品。
   Visitors _____ not to touch the exhibits.

9. 近年来河边盖起了好多楼房。
   Blocks of buildings _____ by the river in recent years.
10. 从孩子的名字可以推断出父母希望孩子成为什么样的人，或者期望他们过什么样的生活。
   From children's names, _____ what kind of people the parents want their children to be or what kind of life they expect their children to live.

二、句子翻译

1. He was scared out of his wits.
2. New factories are being built all over the country.
3. Rainbows are formed when sunlight passes through small drops of water in the sky.
4. It can be predicted that China will certainly catch up with the most advanced nations in the world in science and technology in not too long a time.
5. He was regarded as a Republican by everybody, even though he had always thought of himself as an "Independent".
6. 荷花是中国的名花之一，深受人们喜爱。
7. 自唐朝开始，这种地方酒通过海上丝绸之路运往海外。
8. 语言是在实践的过程中形成的。
9. 中国许多地方都培育和种植牡丹（peony）。
10. 人们认为在皇宫做饭是一种莫大的荣誉，只有厨艺出众者才能获得这份工作。

三、段落翻译

在中国文化中，红色通常象征着好运、长寿和幸福，在春节和其他喜庆场合，红色到处可见。人们把现金作为礼物送给家人或亲密朋友时，通常放在红信封里。然而，红色并不总是代表好运与快乐。因为从前死者的名字常用红色书写，用红墨水写中国人名被看成是一种冒犯行为。（2016年12月大学英语四级考试翻译试题）

第九章

肯定与否定

你知道
- There are books and books ≠ "这里有很多书"吗?
- "少儿不宜""闲人免进"怎么翻译吗?
- "在我家别客气"怎么翻译吗?

简明英汉互译

第一节　肯定表达与否定表达

英语和汉语均有肯定与否定两种表达方式。通常来讲，一种语言以其中一种形式所表达的概念，在另一种语言中也可以用同一种形式表达。

举　例

1. 很困难　　　　　quite difficult　　　　（肯定）
   很不容易　　　　not easy　　　　　　（否定）
2. 竭尽全力　　　　do one's best　　　　　（肯定）
   不遗余力　　　　spare no effort　　　　（否定）
3. 还好　　　　　　good　　　　　　　　（肯定）
   不错　　　　　　not bad　　　　　　　（否定）

在翻译的过程中，一个句子可以同时用肯定和否定两种不同的表达方式，译文无论是肯定形式还是否定形式，都可以传递原文的信息。

举　例

1. You're telling me!
   译文1：还用你讲！　　　　　　　　　（肯定）
   译文2：用不着你来告诉我！　　　　　（否定）
2. I've had enough of this nonsense.
   译文1：我已经受够这些废话了！　　　（肯定）
   译文2：我再也受不了这些废话了！　　（否定）
3. I'm quite house bound.
   译文1：我总待在家里。　　　　　　　（肯定）
   译文2：我可以说是大门不出，二门不迈。（否定）

译家之言

译学无一定之成规，且译书无所谓绝对最好之译句；同一句原文，可有各种译法。
　　　　　　　　　　　　　　　　　　　　　　　——林语堂

但是，由于英汉两种语言属于不同的语系，在表达否定概念时所使用的词汇手段、语法手段，甚至语言逻辑等方面有很大差异。若任何时候都把一种语言的肯定或否定形式译成另一种语言的肯定或否定形式，有时会造成译文不通顺，或者不符合译入语的表达习惯，严重时还会导致翻译错误。

举 例

1. Please keep the fire burning.
   译文 1：请保持火燃烧。
   译文 2：别让火灭了。
2. Wet paint!
   译文 1：湿的油漆！
   译文 2：油漆未干！
3. Man is not born to die.
   译文 1：人不是为死而生。
   译文 2：人生下来就是要活下去。
4. I am too silly to be alive.
   译文 1：我太傻了以至于不能活着。
   译文 2：我真是傻得要死。
5. 在收据尚未签字以前不得付款。
   译文 1：Before the receipt has not been signed, the money must not be paid.
   译文 2：Before the receipt has been signed, the money must not be paid.

以上各例句的译文 1 均是完全照搬了原文的肯定或否定形式。这种照搬表层形式的译文，不仅会让读者不知所云，甚至还出现了严重翻译错误。译文 2 将原文的肯定或否定进行了转换，表意反而更准确到位。

由此可见，在英汉互译过程中，往往要根据实际需要，恰当处理肯定与否定之间的转换，采取正说反译（原文为肯定形式，译文为否定形式）或反说正译（原文为否定形式，译文为肯定形式），使原文语义表达更清晰，译文更符合译入语的表达习惯。

第二节　英译汉中肯定与否定的转换

英语表示否定意义的方式非常丰富，除了用否定词，如 no、not、never、none、nothing 等，还可以借助其他词汇和一些特殊结构；汉语表达否定概念则要借助一些否定词语，如"不""没""非""未""否""无""莫""勿""别""甭"等，否定词数量有限，且无形态变化。

另外，由于英汉文化和思维模式不同，在表达方式上也不尽相同。因此，在处理英语的否定句时，必须先弄清楚汉语在表达同样意义时，是否与英语的表达形式相同，然后再动笔翻译。

一、英语的肯定译作汉语的否定

英语中有大量不同词性的单词、短语或句子在形式上是肯定的，却表达否定的意义。

简明英汉互译

一般来讲，这类形式肯定而意义否定的句子在翻译成汉语时，可采取正说反译的方法，即英语从正面表达，汉语从反面表述，译成汉语的否定句。

1. 动词（短语）的正说反译

　　形式肯定但含否定意义的英语动词，在翻译时如果找不到对应的含有否定意义的汉语动词，则往往转译成汉语的否定表达；如果汉语中有对应词，但在特定的上下文里语气显得不吻合，或与某些主语或宾语搭配后变得不通顺、不明确时，也往往不采用对应动词，而从反面表达，改用其他汉语动词或添加修饰成分来确切地译出原意。

　　此类动词（短语）有：fail、neglect、exclude、overlook、miss、deny、ignore、refuse、lack、doubt、hate、withhold、keep/prevent/protect... from 等。

举 例

1. One ABC correspondent had totally missed the point of the question.
   美国广播公司的一名记者完全没有领会这个问题的关键。
2. My father will kill me when he finds it out.
   我父亲要是知道了，准饶不了我。
3. Some schools fail to require any homework.
   有些学校没有布置任何家庭作业。

　　以上例句中，例句 1 的 missed 如果正面翻译为"失去"，与后面的"问题的关键"不搭配。例句 2 的 kill 译成"饶不了"，措辞得当，且忠实于原文意思；如果不用否定词，而直接按字面意思译为"杀了，宰了"，则会使译文语气过火，甚至可能引起误解。例句 3 的 fail 如果直译为"失败"，会让读者莫名其妙，不能理解原文的意思。

2. 名词的正说反译

　　此类名词有：absence、ignorance、failure、shortage、denial、refusal 等。

举 例

1. Long absence changes a friend.
   久别不见，朋友会变。
2. I am embarrassed by my complete ignorance of the history.
   不了解这段历史，我很尴尬。
3. What makes life dreary is the want of motive.
   没有了目的，生活便郁闷无光。（乔治·艾略特）

3. 形容词（短语）的正说反译

　　此类形容词（短语）有：ignorant、missing、idle、last、final、thin、bare、short of、free from、safe from、far from、dead to、deaf to 等。

第九章　肯定与否定

举 例

1. 4000 workers have been idle for 12 of the first 27 weeks of this year.
   四千名工人在今年最初的 27 个星期中有 12 个星期无事可干。
2. Holmes was the last man in the world to be put off by a look.
   福尔摩斯可不是瞪一眼就能打发走的人。
3. He was deaf to my request for help.
   他对我的求助充耳不闻。

4. 副词（短语）的正说反译

此类副词（短语）有：vainly、hardly、scarcely、seldom、shortly、otherwise、barely、too... to 等。

举 例

1. He reminded me of what I should otherwise have forgotten.
   他提醒了我，要不然我就会把这事忘了。
2. People hardly know their next-door neighbors in big cities.
   住在大城市的人，几乎不认识隔壁的邻居。
3. The problem is too complicated for us common people to solve.
   这个问题太复杂了，我们常人根本无法解决它。

5. 介词（短语）的正说反译

此类介词（短语）有：above、beyond、off、against、past、below、behind、without、instead of、but for、in place of、out of、at odds 等。

举 例

1. That painting is above price.　　　那幅画是无价之宝。
2. Her talent is beyond compare.　　　她的才华无与伦比。
3. Poverty is often off the beaten track.　　贫穷常常无人问津。

6. 连词（短语）的正说反译

此类连词（短语）有：unless、before、lest、but that、rather than 等。

举 例

1. I sleep with the window open unless it's really cold.
   天气若不是很冷，我总开着窗户睡觉。
2. But that you had helped us, we should have failed.
   假如你们不帮助我们，我们早就失败了。
3. Their main job is to preserve health rather than treat illness.
   他们的主要职责是保健而不是治病。

简明英汉互译

7. 特殊结构的正说反译

此类结构有：习语中的 it is... that... 句型，其含义为"再……也不会（不能）"，"无论多么……也不会（不能）"；比较级 + than；某些虚拟条件句，表达说话人的主观愿望或假设情况，往往表示事实上的否定。

举 例

1. It is a wise father that knows his own child.
   父亲再聪明也不见得了解自己的孩子。
2. You ought to know better than to do that sort of thing.
   你真不该做那种事。
3. If only I knew how the young men nowadays are changing.
   真不知道现在的年轻人会变成什么样！

另外，在一些固定习语表达中，会用肯定形式表达礼貌或含蓄等否定意义。这类表达既无特定句型，又无否定词，其否定含义多为习惯用语或引申义，不容易理解，也容易出错。

举 例

1. I dare him to jump.　　　　　我谅他也不敢跳。
2. She bears her age well.　　　　她一点也不显老。
3. It's anyone's guess.　　　　　这事谁也不清楚。

二、英语的否定译作汉语的肯定

英语中某些形式上否定的词语或句子，在译文中可以用肯定形式表达，即采用反说正译法。这种否定句可以由否定词（如 no、not），某些带有否定词缀（如 de-、dis-、il-、im-、ir-、in-、non-、un-、under-、-less）的动词、名词、形容词和副词，以及短语等构成。

1. 动词的反说正译

举 例

1. He was discharged from the police force for bad conduct.
   他因行为不轨被清除出警察队伍。
2. The mother gently disengaged her hand from that of her sleeping baby.
   母亲小心翼翼地从熟睡的孩子手里抽出自己的手来。
3. Some well-chosen presents from the scientist softened and unguarded the girl's heart.
   科学家精心挑选的礼物打动并且打开了姑娘的芳心。

2. 名词的反说正译

举 例

1. We have winked at these irregularities too long.
   我们对这些越轨行为宽容的太久了。
2. His financial affairs were in complete disorder.
   他的财务完全是一笔糊涂账。
3. Great losses are always caused by minor carelessness.
   大损失往往源自小粗心。

3. 形容词的反说正译

举 例

1. He gave an unprepared speech before a big audience yesterday.
   昨天他在大庭广众面前发表了即兴演讲。
2. The newspaper has achieved a reputation for honest and impartial reporting.
   这家报纸凭诚实公正的报道赢得了声誉。
3. The president's flip-flops on taxes made him appear indecisive.
   总统在税收问题上临场变卦，这使他看起来有些优柔寡断。

4. 副词的反说正译

举 例

1. Ten-year-olds are incredibly energetic.
   十岁的孩子精力非常旺盛。
2. I shut the door noiselessly behind me.
   我把身后的门轻轻带上。
3. Just like the future is an extension of the past, the past unobtrusively permeates our present.
   正如未来是现在的延续一样，过去也正潜移默化地渗透在现实中。

5. 含有否定词结构的反说正译

英语中有些结构虽然含有否定词，但却表达肯定的意思，一般译作汉语的肯定式。这种结构有：cannot... too...、no/nothing... more than（仅仅是，只不过是）、no/nothing... less than（同……一样，就是）、no/nothing... but/except 等。

举 例

1. I'd go there as soon as not.
   我非常愿意去。

简明英汉互译

2. No man can have too much knowledge and practice.
   知识和实践越多越好。
3. He has no more than 10 dollars.
   他只有10美元。
4. What he said was nothing less than a lie.
   他说的纯属谎言。
5. Sunlight is no less necessary than fresh air to a healthy condition of a body.
   阳光和新鲜空气同样对身体健康是必要的。
6. Previous students have had nothing but praise for the course content and staff.
   以前的学生们对该课程的内容和教师称赞有加。

  此外，除了以上两小节讲述的正说反译和反说正译的一般情况，有时候会出现其他现象，即句子里没有出现否定词，也没有含否定意义的词，或者虽然有否定词，但是如果按原文形式直译，译文读起来很别扭，或者不贴合原文的语气。这时候我们也需要使用正说反译或反说正译的方法，才能确切地表达原文的含义，或者加强语气以获得更好的修辞效果。

◆ 举 例

1. The old man lay awake almost the whole night.
   那个老人一夜没合眼。
2. Students are still coming.
   学生们还没到齐。
3. There are books and books.
   书有种种，好坏不一。
4. He was a fool for danger.
   他天不怕地不怕。

  以上例句原文都是肯定式，但译文都处理成了否定式。通过正说反译，原文的意思得以清晰地再现，译文也避免了翻译腔，更符合译入语的表达习惯。

◆ 举 例

1. He was not mean in friendship nor in ambition.
   他讲友谊，有抱负。
2. Don't be a dammed fool. Remember I'm not a gentleman. I know how to use my hands.
   放聪明些，别忘了我可不是正人君子，我的拳头可不是吃素的。

  以上例句原文和译文也作了肯定和否定的转换。通过反说正译或正说反译，译文跳出原文表层结构的束缚，既忠实表达了原文的含义，又非常符合汉语的表达习惯，还起到了很好的修辞效果。
  由此可见，肯定或否定的选择需要综合考虑语法、语义和语境，以及表达习惯等因素，才能准确传达原文意思。

第九章　肯定与否定

> **译家之言**
>
> Negotiation in translation is in the end, always slanted towards the privileged language, and does not take place on absolutely equal terms.　—Bassnett and Lefevere
> 翻译中意义的协商最终总是偏向于具有优势的语言，意义的协商不是在绝对平等的条件下进行。

三、双重否定结构的翻译

英语中的双重否定有四种构成方式：1）否定词＋否定词；2）否定词＋带否定前缀的词；3）否定词＋带否定意义的词；4）否定词＋表示贬义或小数量的词（如little、few等）。这类句子在形式上是否定结构，实际上含有肯定语气，而且语气上要强过一般肯定句。翻译这类句子时，可以直译成双重否定句，也可以译成肯定句。

举　例

1. "No great discovery is ever made without a bold guess," Newton once said.
   牛顿曾经说过，"没有大胆的设想，就不会有伟大的发现"。
2. Nothing is impossible.
   一切皆有可能。
3. They do not deny that misdiagnoses do occur occasionally.
   他们并不否认偶尔确有误诊。
4. They accepted the task not reluctantly.
   他们爽快地接下了这个任务。
5. His father nodded silently and not a little proudly when he heard the news.
   听到这个消息后，他的父亲默默又不无骄傲地点了点头。

四、否定的陷阱

在翻译实践中，常会发现某些英语否定结构很难直译成汉语，甚至有时原文意义难以理解，如果不了解这些结构，很容易掉入语言陷阱。

1. 否定转移

否定转移是一种特殊现象，即句中的否定虽然出现在主句谓语动词部分，否定范围却转移到了句子末端的状语或其他成分上。

（1）否定状语

举　例

1. One does not live to eat, but eats to live.
   人活着不是为了吃，而吃却是为了活着。

简明英汉互译

2. We do <u>not read</u> novels for amusement.
   我们读小说<u>不是为了娱乐</u>。
3. Darwin had <u>not come</u> to his conclusion quickly.
   达尔文<u>并不是匆忙地做出结论</u>。

上述三个例句中，原文中的 not 在形式上否定的是谓语动词 live、read、come，但语义上，否定的范围却转移到了后面的状语 to eat、for amusement、quickly。

（2）否定从句中的谓语动词

举 例

1. She is rich, but <u>I don't think</u> she is happy.
   她很富有，但是我觉得她<u>并不幸福</u>。
2. <u>It doesn't seem</u> that we can get our money back.
   <u>似乎我们无法把钱收回来了</u>。

上述两个例句中，否定的范围从主句的动词转移到了从句的动词上。值得注意的是，否定转移的动词是有限的，一般表示臆测、推断等这些"思想活动"的动词，如 think、feel、look、imagine、reckon 等，会将否定转移到从句的谓语动词。但并不是说所有表示推断、臆测的动词都有否定转移的功能，有些动词如 assume、presume、surmise 等，虽然意义与以上那些词近似，但不发生否定转移。

举 例

1. <u>I don't assume</u> that the train will be late.
   我<u>并不认为</u>火车会晚点。
2. I assume that he <u>didn't know</u> me.
   我猜想他<u>不认识我</u>。

（3）not... because 结构

同样，not... because 结构也可以发生否定转移，not 可能否定其后的谓语动词，也可能否定 because 引导的从句。

举 例

I didn't come because I had to stay with her.
译文1：因为得同她待在一起，所以我没有来。
译文2：我来了，但并不是因为要和她待在一起。

这句话两个译文都是正确的，但这两种理解意思截然不同。从语法上分析，造成这种双重含义的原因是对否定范围的理解不同，译文1否定的是 come，译文2的否定限定在从句上。如何判定到底否定哪一部分，我们可以根据上下文、逻辑关系、语言习惯及常识来综合判断其含义，从而消除歧义。

举 例

The police didn't arrest him because he really committed any crime. They said that he was wandering with intent to commit an arrestable offence.
警察逮捕他并非是因为他犯了什么罪，警察的说法是他四处游荡图谋不轨。

2. 部分否定

英语中的部分否定由表示"全体"意义的代词（如 all、both、everyone、everything）和表示"全体"意义的副词（如 always、entirely、wholly、altogether、everywhere）与否定词 not 连用构成，不可将这样的结构当作全部否定。

举 例

1. All that glitters is not gold.　　　　　　闪光的并不都是金子。
2. Both of the answers are not correct.　　两种答案并非都对。
3. He is not always at home on weekends.　他周末不一定在家。

以上例句如果要全部否定的话，需用全部否定词如 none、neither、never 等。另外，当 and 连接的两个并列成分放在否定句中时，被否定的只是其中的一个，而不是全部。

举 例

1. The child is not healthy and lovely.　　　这个孩子并不是既健康又活泼。
2. She can not afford the house and the car.　她没有钱既买房子又买车。

总之，英语的肯定或否定形式翻译成汉语时，很多情况下都需要正说反译或反说正译，但这两种译法并不是绝对的。不管是哪一种，目的都是让译文更准确、更地道。

 ## 第三节　汉译英中肯定与否定的转换

通常汉语的肯定句译成英语也是肯定句，汉语的否定句译成英语也是否定句。但是汉语和英语毕竟是两种不同的语言，所反映的是两种不同的思维模式，体现的是两种不同的表达习惯，因此在翻译时，有时需要把汉语的肯定句译为英语的否定句，把汉语的否定句译为英语的肯定句。需要转换的情况主要有以下三种：

一、按英语表达习惯转换

有些情况下，常用英语的肯定式来翻译汉语的否定式，比如一些公共告示，其语言简洁醒目，具有提醒和警示作用。

简明英汉互译

举 例

1. 少儿<u>不</u>宜。　　　　　　　　　　Over eighteen.
2. 请<u>勿</u>大声喧哗。　　　　　　　　Keep quiet.
3. <u>不</u>对公众开放。　　　　　　　　Close to public.
4. 闲人<u>免</u>进。　　　　　　　　　　Private. / For business only.
5. 请勿靠近车门。　　　　　　　　Keep clear of door.
6. 商品售出，概<u>不</u>退换。　　　　　All sales are final.
7. （火车站台上）<u>不</u>准跨越红线。　Stay behind the red line.
8. （旅游景点）山石松动，请<u>勿</u>前往。 Unstable cliff, stay back.

也有一些表达是反过来的，汉语用肯定式，英语用否定式。

举 例

1. 行人止步。　　<u>No</u> trespassing.
2. 禁止停车。　　<u>No</u> parking.

还有一些其他情况，汉英两种语言在阐述相同意思时表达习惯也不同。

举 例

1. 别难过了。
   译文 1：Don't be sad.
   译文 2：Please cheer up.
2. 别激动！
   译文 1：Don't be excited.
   译文 2：Calm down.
3. 别费口舌。
   译文 1：Don't waste your breath.
   译文 2：Save your breath.
4. 在我家别客气。
   译文 1：Don't be polite at my home.
   译文 2：Make yourself at home.

以上例句中，不论是安慰别人还是提出建议，汉语的表述都很直接，是可接受的，因为汉语往往重直言，把含义直接表明。但是英译时，如果翻译成译文 1 的 "Don't..." 句式，听起来像在发出命令或是在责备；译文 2 从正面表述，符合礼貌原则，因为英语重含蓄、婉转、谦逊而留有余地。其实，所有这些表达方式的差异，反映的是思维模式和文化的不同。了解这些差异，有助于正确理解和传达原文意思，避免误译。

二、为确切表达原文含义转换

举 例

1. 世界上没有完人嘛。
   After all, no man on earth is without fault.
2. 张老师这几年一直是全勤。
   Mr. Zhang has never missed a day's work for years.
3. 说出来，有谁相信呢？我已经四天没有吃饭了。（谢冰莹，《饥饿》）
   Believe it or not, I've been starving for four days on end.（张培基 译）
4. 正如没经历过大事的人一样，他是经不起成功也经不起失败的。
   Like those of little experience, he was easily elated by success and deflated by failure.

在以上例句中，译文都巧妙地借用了英语中的某些单词或结构，进行了肯定或否定的转换，从而使译文语言更简练，表达更地道，语义更清晰。

三、为加强语气或突出修辞效果转换

举 例

1. 对于身陷战争的人们来说，和平是最珍贵的。
   For those caught in wars, nothing is more cherished than peace.
2. 我们讨论问题时，不能忘记这些基本观点。
   These basic concepts must be kept in mind in our discussion.
3. 这个旅游项目不会使您失望。
   A tour of these cities will be most rewarding experience.
4. 我不怕麻烦地帮他们修改、编排，这才使他们知道："呵，原来老师对我们并没有两条心。"
   I took great pains to polish and arrange their articles. They exclaimed, "Ah, our teacher's after all of one mind with us boys!"

以上例句中，译文也进行了正说反译或反说正译，将原文的强调含义完整地移植到译文中，使译文生动并具有良好的修辞效果。

综上所述，由于英汉两种语言思维方式和表达方法差异较大，同一概念，一种语言会从正面表达其逻辑，另一种语言则会从反面加以说明。在翻译过程中，需要在正确理解原文深层意义的同时，根据译入语的表达习惯，恰当地运用正反转换译法，忠实而通顺地表达原文的内容和风格。

简明英汉互译

练 习 题

一、填空题

请按要求填空。

1. 证据对她不利。
   The evidence is _____ her.（介词）
2. 餐馆里只有三个顾客还没有走。
   Only three customers _____ in the restaurant.（动词）
3. 我还没来得及说声谢谢，邮递员已经走远了。
   The postman had gone out of sight _____ I could say thanks.（连词）
4. 她的拒绝不是不可改变的。
   Her refusal is not _____.（形容词）
5. 他呆呆地站着，回答不出我的问题。
   He stood still, trying _____ to answer my question.（副词）

二、句子翻译

1. History has never been kind to the place.
2. No man is demolished but by himself.
3. The book is a fool to that both in plot and execution.
4. Try to forget, if not to forgive, their offences.
5. Certainly I do not teach because teaching is easy for me. Nor do I teach because I know the answer, or because I have knowledge I feel compelled to share.
6. 我们不否认，我们的工作还有很多不尽人意之处。
7. 你太不够哥们儿了，连五块钱都不肯借给我！
8. 人们对这种行为已经见多不怪了。
9. 要是没有别的事情，我们的会议就到此结束了。
10. 无可否认，年轻一代受到了更好的教育，而且不那么依赖父母。

三、段落翻译

花木兰是中国著名古诗《木兰辞》（The Ballad of Mulan）中描绘的一位替父从军的英雄。因木兰的父亲年事已高，不能经受奔波劳苦，木兰又没有兄长可以代替老父，于是她把自己乔装成男子代父从军。虽然这个故事是否真实不得而知，但是千百年来，花木兰作为孝顺（filial）的典范而深受中国人的尊敬。1998年，美国迪士尼公司将花木兰的故事改编成了动画片，受到了全世界的欢迎。

第十章

语序的调整

你知道
- 你的收货地址用英语怎么写吗?
- "东南西北""男女老少"怎么翻译吗?
- "非常喜欢"≠ very like 吗?

简明英汉互译

第一节　英汉思维模式差异

英汉两种语言属于不同的语系，在社会背景、历史文化等方面均存在差异。这些差异不仅体现在一些词汇和语言表达习惯上，而且体现在语序上。语序指句子成分的排列次序，它是词语和句子成分之间关系的体现。英汉两种语言在语序上存在的明显差异，深刻地反映了英汉不同思维方式对语言的影响。

辜正坤认为，印欧语与汉语句法结构鲜明地表现了不同民族的"思维—心理"结构模式。英语思维模式的表达方式为：由内向外、由小到大、由近到远、由微观到宏观、由个别到整体、由具体到抽象；汉语恰恰相反：由外向内、由大到小、由远到近、由宏观到微观、由整体到个别、由抽象到具体。

以地址的排序为例：英语的地址一般是从小到大排列，先是门牌号码，然后街道、城市、省、国家；汉语的地址正好相反，一般是从大到小排列。

举 例

They live at 1008 Renminxi Road, Zhuhai City, Guangdong Province, China.
他们住在中国广东省珠海市人民西路1008号。

此外，英语体现出直线型思维模式，常将重要的部分放在句子的首位，之后谈及其背景和附加条件。汉语体现出螺旋型思维模式，常将最重要的部分放在最后，先交代环境、人和人之间的关系，最后才点出主题，起到画龙点睛的作用。

举 例

人类对大自然的伤害最终会伤及人类自身，<u>这是无法抗拒的规律</u>。（习近平总书记在全国生态环境保护大会上的讲话）
<u>It is an immutable law</u> that harm caused by human actions to nature will eventually hurt human beings themselves.

此例中，汉语先叙述事情"人类对大自然的伤害，最终会伤及人类自身"，再表明观点"这是无法抗拒的规律"，汉语叙事在前，表态在后，体现了螺旋型思维模式；英语的表达习惯刚好与之相反，表态在前，叙事在后，体现了直线型思维模式。

英汉两种语言语序的差异源于语言背后不同思维方式的差异。在翻译过程中，译者应充分重视思维方式对语言的影响，熟悉英汉思维差异的体现，有意识地进行思维的转换，恰当地做出语序调整，使译文既能正确表达原文的意思，又能通顺流畅。

译海拾贝

我将在茫茫人海中寻访我唯一之灵魂伴侣。得之，我幸；不得，我命。——徐志摩
I will be in constant search for my soul mate in the endless sea of crowd. Fortune favors me if I could find her and destiny plays its part if I couldn't.

第二节　英汉词语顺序的调整

当几个词语并列时，英汉语中的排列次序差别很大。英语一般按逻辑轻重、前后或部分—整体的顺序排列，而汉语通常将较大、较强、较极端或给人印象深刻的放前面。

举　例

1. ups and downs　　　　　　　　　　　沉浮
2. private and public　　　　　　　　　公私
3. elementary and high schools　　　　　中小学
4. food, clothing, shelter and transportation　衣食住行
5. 田径　　　　　　　　　　　　　　　track and field
6. 迟早　　　　　　　　　　　　　　　sooner or later
7. 救死扶伤　　　　　　　　　　　　　heal the wounded and rescue the dying
8. 男女老少　　　　　　　　　　　　　men and women, young and old

有一些并列结构的词语已经形成了各自固定的语序，在翻译时应注意差别，进行调整。

举　例

1. hot and cold　　　　　　冷热
2. joy and sorrow　　　　　悲喜
3. 新郎新娘　　　　　　　bride and bridegroom
4. 东南西北　　　　　　　north, south, east and west
5. 你、我、他　　　　　　you, he and I

第三节　英汉句子成分顺序的调整

一、定语的位置调整

英语的定语情况比较复杂，单词作定语一般放在所修饰的名词之前（特殊情况除外），短语或句子作定语放在所修饰名词之后。汉语的定语一般都放在所修饰的中心词之前，置于该中心词之后的较少。英汉互译时，译者需要根据不同的语序习惯，对定语的位置作相应的调整。

1. 单个词作定语的调整

英语中，单词作定语时，通常放在它所修饰的名词前，汉语中也是如此，此时不需要

简明英汉互译

语序调整。但是英语中也有一些特殊情况：1）由 some、any、every、no 等构成的不定代词，其定语往往后置；2）一些以 -ible 或 -able 结尾的形容词以及一些表示时间、地点等副词作定语时，往往放在所修饰词之后。因此，在翻译过程中，需要做出调整。

英译汉时，要译作前置定语，以符合汉语的表达习惯。

举 例

1. The firemen did everything necessary to put out the forest fire.
   为了扑灭森林大火，消防队员们尽了一切必要的努力。
2. There are a lot of Chinese commodities available for export at the Canton Fair.
   广交会上有很多供出口的中国商品。
3. The books here are very interesting.
   这儿的书很好看。

汉译英时，要译作后置定语，以符合英语的表达习惯。

举 例

1. 老师有重要的事情要在课堂上说。
   The teacher has something important to say in class.
2. 这些是公众无法接触到的机密文件。
   These are confidential documents not accessible to the public.
3. 楼上的邻居赶来帮助他，开车把他送往了医院。
   The neighbors upstairs came to his rescue and drove him to the hospital.

2. 多个词作定语的调整

当一个名词有几个形容词作定语时，在英语中，定语越能表示事物基本性质，与中心词关系越密切的，位置离所修饰的名词越接近；汉语则相反，习惯把最能表现事物本质的定语放在最前面，离中心词较远，而把表示规模大小或力量强弱的定语放在后面，离中心词较近。一般情况下，英语形容词语序遵循下列排列顺序：限定词 + 评价性形容词 + 特征形容词（形状、年龄、颜色）+ 国家 + 物质 / 材料 + 名词。记忆口诀是："限、观、形、龄、色、国、材"。

- 限：限定词，包括冠词（the、a/an）、物主代词（my、their）、指示代词（this、those）、名词所有格（Lucy's）、数词（first、three）等
- 观：观点，评价（lovely、beautiful、nice）
- 形：形状（big、long、short、round）
- 龄：年龄，新旧（old、new）
- 色：颜色（black、blue）
- 国：国籍，产地，出处（Chinese、German）
- 材：材料（silk、cotton）

第十章　语序的调整

> **举　例**

1. a small round wooden table
   一张木制小圆桌
2. the two good-natured, old, English gentlemen
   那两个善良的英国老人
3. 社会主义工业强国
   a powerful, industrial, socialist country
4. 中国第一座美丽的白色小石桥
   the first beautiful little white Chinese stone bridge
5. 一位中国现代优秀作家
   an outstanding contemporary Chinese writer

3. 短语作定语的调整

英语中的定语为介词短语、分词结构或不定式短语等结构时，一般位于所修饰的名词之后，而汉语中则通常置于所修饰名词之前。英汉互译时需注意语序的调整。

> **举　例**

1. The Tang Dynasty was the peak <u>of Chinese civilization</u> and also an era <u>of political, economic and cultural boom of ancient China</u>.
   唐代是中华文明的巅峰时期，是中国古代政治、经济、文化繁荣的时期。
2. As is shown by statistics, everyday tourists <u>coming to visit the Dunhuang murals</u> amount to thousands.
   据统计，每天前来浏览敦煌壁画的游客数以千计。
3. 中秋节就是大家<u>高高兴兴举行庆祝粮食丰收的</u>活动。
   The Mid-Autumn Festival is people's activity <u>to celebrate happily the grain harvest</u>.
4. 中国功夫是<u>中国在漫长的历史中发展起来的</u>一套格斗手法。
   Chinese Kung Fu is a series of fighting styles <u>developed over a long historical period in China</u>.

4. 从句作定语的调整

英译汉时，如果定语从句较为简短，翻译时可以译成带"的"的前置定语，放在所修饰的词前面。如果定语从句较复杂、放在所修饰的词前不符合汉语表达习惯，或是非限制性定语从句时，往往可以译成后置的并列分句。汉译英时，英语中的定语从句无论是限制性的还是非限制性的，一般均置于所修饰的词之后。

> **举　例**

1. He was one of the earliest English grammarians <u>who paid attention to this problem</u>.
   他是最早<u>注意到这一问题的</u>英语语法学家之一。
2. He has advanced some rational recommendations, <u>which are not necessarily applicable to the local conditions</u>.
   他提出了一些合理性建议，<u>但这些建议未必适合当地的情况</u>。

简明英汉互译

3. 汉字是世界上唯一一个<u>已经使用了几千年，现在仍然在使用的</u>文字。

   Chinese language is the only system <u>that has been used for thousands of years and is still in use today</u>.

4. 到21世纪中叶，建成<u>富强民主文明和谐的</u>社会主义现代化国家，实现中华民族伟大复兴的中国梦。

   By the mid-21st century, we will build a modern socialist country <u>that is prosperous, powerful, democratic, highly civilized and harmonious</u> and realize the dream of rejuvenating the Chinese nation.

二、状语的位置调整

英语状语的位置比较灵活，可以出现在句首、句中和句尾，其中以句尾最为常见；汉语状语的位置比较固定，一般在动词之前，有时为了强调，也会放在句首。因此翻译时就要熟悉英汉两种语言状语的位置，使译文符合译入语的行文习惯。

1. 单个词作状语的调整

英语中，单词作状语修饰动词时，一般放在动词之后，如果动词后有宾语，则放在宾语之后，而汉语则放在动词之前。如"非常喜欢……"不能译为 very like...，而应译为 like... very much。

举 例

1. Modern science and technology are developing <u>rapidly</u>.
   现在科学技术正在<u>迅速</u>发展。
2. He listened <u>calmly</u> to the report of his assistants.
   他<u>平静地</u>听着助手们的汇报。
3. 父母<u>深</u>爱着孩子们。
   Parents love their children <u>deeply</u>.
4. 黄鹤楼<u>雄伟地</u>屹立在长江之滨。
   Yellow Crane Tower stands <u>magnificently</u> on the shore of the Yangtze River.

2. 短语作状语的调整

英语中的短语状语可放在被修饰的动词之前或之后，而汉语中的短语状语大多数放在被修饰的动词之前，但也有少数是放在后面的。

举 例

1. These kids are growing fast <u>under their grandmother's care</u>.
   这些孩子<u>在奶奶的照料下</u>长得很快。
2. What had once seemed shadow and tedious now loomed <u>in memory like paradise</u>.
   过去一度认为是浅薄、无聊的事情，现在却像<u>天堂美景一样在脑海萦</u>回。

3. 中国龙在中国人心目中占据着不可替代的位置。

The Chinese dragon has an irreplaceable position in the mind of Chinese people.

4. 中医药不仅为中华民族的发展和昌盛做出了卓越贡献，也对世界文明进步产生了积极影响。

Traditional Chinese medicine has made a great contribution to the nation's development and the country's prosperity, in addition to producing a positive impact on the progress of human civilization.

3. 多个状语的语序调整

（1）时间状语、地点状语和方式状语的语序调整

当时间、地点、方式三种状语同时出现在一个句子中时，英语和汉语的排列次序不尽相同。英语通常按照"动词—方式—地点—时间"的顺序排列，而汉语通常是按"时间—地点—方式—动词"的顺序排列。因此英汉互译时，应当根据各自的顺序规律加以调整。

举 例

1. We ate to our heart's content at her home last Saturday.
   ① ② ③

   我们上个星期六 在她家 饱餐一顿。
   ③ ② ①

2. 他们去年年初 在火星上 成功地进行了一项科学实验。
   ① ② ③

   They conducted a scientific experiment successfully on Mars early last year.
   ③ ② ①

（2）一系列时间状语或地点状语的语序调整

当一系列表示时间或地点的状语连用时，根据前面提到的英汉思维模式的差异，英语中习惯按照从小到大、从窄到宽、由近及远的顺序排列，而汉语则与之相反。在英汉互译时，要做语序上的调整。

举 例

1. The Stone Forest, located in the east of Kunming City, Yunnan Province, is a world-famous tourist site.
   ① ② ③

   石林位于云南省 昆明市的 东部地区，是世界著名的旅游景点。
   ③ ② ①

2. 泼水节是傣族人最重要的节日，一般是在傣历 六月或七月的 某一天举行。
   ① ② ③

   As the most important festival of the Dai people in China, the Water Splashing Festival falls on a day in June or July in the Dai calendar.
   ③ ② ①

第四节　英汉句子顺序的调整

英语体现出直线型的思维模式，常将重要的部分放在句子的首位，英语句子一般是前重心；汉语体现出螺旋型思维模式，常将最重要的部分放在最后，汉语句子大多是后重心。因此，在表达多层逻辑思维时，英语往往是判断或结论等在前，事实或描写等在后；汉语则是由因到果、由假设到推论、由事实到结论，一般按照逻辑和时间顺序展开。英汉互译时，需要根据实际情况调整语序以符合译文习惯。

一、时间顺序的调整

英语复合句中，表示时间的从句可以放在主句之前，也可以放在主句之后；汉语则通常先发生的事先叙述，后发生的事后叙述。

举　例

1. After we had finished tea, we all sat on the grass.
   我们喝完茶后，都在草地上坐着。
2. The athlete smiled in satisfaction when he won the race.
   运动员赢得比赛后满意地笑了。

如果英语句子中动作涉及的时间比较多，各个时间关系的顺序比较灵活；汉语则一般按事情发生的先后顺序叙述。

举　例

He flew back yesterday from Zhuhai where he spent his vacation after he finished the meeting he had taken part in Guangzhou.
他本来在广州开会，会议一结束，他就去珠海度假了，昨天才坐飞机回来。

二、逻辑顺序的调整

表示因果关系的英语复合句中，因果顺序比较灵活，表示原因的从句可以放在表示结果的主句之前，也可以放在主句之后；汉语句子则多数情况是原因在前，结果在后。

举　例

1. Because he is capable as well as confident, he will succeed.
   因为他有能力，又有胆量，他会成功的。
2. Many students feel lost because campus life is not always what they imagined.
   也许校园生活并非总像想象中的那样，很多学生才会感到失落。

第十章 语序的调整

3. 由于栖息地遭到了破坏，大熊猫的数量正在急剧下降。
   The number of giant pandas is dropping sharply as their habitat is destroyed.

表示条件（假设）与结果关系的英语复合句中，表示条件的从句可以放在表示结果的主句之前，也可以放在主句之后；汉语句子绝大多数情况是条件在前，结果在后。

举 例

1. If you tell me all about it, then I shall be able to decide.
   假如你把一切都告诉我，那么我就能够做出决定。
2. They'd have got the job done quicker if they'd had more people working on it.
   如果他们有更多人手，工作会完成得更快一些。
3. 只有始终坚持合作，不断加强合作，中美才能实现共赢。
   Win-win progress is only possible when China and the United States are committed to growing cooperation.

如果句中有叙事部分，又有表态部分，英语通常先表明态度或观点，然后再陈述所发生的事情；汉语则通常把事物或情况讲清楚，最后再进行简短的表达或评论。

举 例

1. It is a truth universally acknowledged, that a single man in possession of a good fortune, must be in want of a wife.
   有钱的单身汉总想要位太太，这是一条举世公认的真理。（孙致礼　译）
2. 提高人民健康水平，实现病有所医的理想，是人类社会的共同追求。
   It is a common pursuit of human societies to improve people's health and ensure their right to medical care.

综上所述，语言是由思维决定的，所以语言的顺序结构与思维模式是相对应的。从本质上来说，翻译是不同思维方式的转换。因此在英汉互译时，要熟悉语言结构背后的不同思维模式，进行必要的语序调整，使译文更加准确、通顺和地道。

译家之言

翻译的过程，不仅是语言形式的转换，而且是思维方式的转换。　　——连淑能

练习题

一、排序题

1. 下列汉译英译文的正确排序是 _____
   他1970年2月22日早晨6点30分出生在绍兴附近的一个小村子里。
   He was born _____.
   ① near Shaoxing
   ② February 22,
   ③ on the morning of
   ④ in a small village town
   ⑤ 1970
   ⑥ at six thirty

2. 下列汉译英译文的正确排序是 _____
   他工作的小天地，就设在上海市中心一座摩天大楼第八十层楼上的一间办公室里。
   The world he works in is _____.
   ① of a skyscraper
   ② of Shanghai City
   ③ in the center
   ④ an office
   ⑤ on the eightieth floor

3. 下列汉译英译文的正确排序是 _____
   山东曲阜是中国古代著名的思想家、教育家孔子的故乡。
   Qufu, Shandong Province, is the birthplace of Confucius, a _____.
   ① Chinese thinker and educator
   ② ancient
   ③ well-renowned

4. 下列英译汉译文的正确排序是 _____
   It was a keen disappointment that I had to postpone the visit I had intended to pay to China in January.
   ① 但后来又不得不推迟行程
   ② 我原打算在今年1月访问中国
   ③ 这使我深感失望

5. 下列英译汉译文的正确排序是 _____
   She hadn't hit the boy since he was thirteen, when he started looking down at her and his hands were already twice the size of hers.

① 手掌有她的两个大
② 儿子长到 13 岁时
③ 个子已经比她高出一头
④ 从那时起，她就再没有打过他

二、句子翻译

1. A new Chinese-English dictionary that I brought here yesterday and placed on the shelf is very helpful for translation.
2. Marco Polo came to China from Italy in 1275 and travelled around the country.
3. A 20-story-tall Long March 2F carrier rocket（长征二号 F 运载火箭）blasted off at the Jiuquan Satellite Launch Center in northwestern China's Gobi Desert at 9:22 am.
4. It's a great pity that some traditional courtyards are being replaced by high-rise buildings during the construction of the city.
5. We shall be able to place a large order with you if the quality of your goods is good and prices are moderate.
6. 书籍是贮存人类代代相传的智慧的宝库。
7. 他们昨天上午在会议室里热烈地讨论这个计划。
8. 丝绸之路是古代最国际化、最长、最富有的商贸线路。
9. 宁波不仅是闻名中外的港口城市，而且是一座历史悠久的文化名城。
10. 在面试中他表现出了强烈的责任感和合作精神，最后得到了那份工作。

三、段落翻译

多年来，中国一直是全球最大的国际学生输出国（exporter）。据官方统计，过去几年里，中国留学生数量以每年超过 20% 的速度在增长。有数据显示，在 2012 年，全球的国际学生中每六个就有一个来自中国。但是，近年来，随着中国人口结构发生变化，国内选择日趋丰富，加上对国外人身安全的担忧增加，预计中国海外留学生的增长势头将陷入停滞（stall）。

第十一章

主从的区分

你知道
◆ "以史为鉴,可以知兴替"怎么翻译吗?
◆ "无事不登三宝殿"怎么翻译吗?
◆ "不入虎穴,焉得虎子"怎么翻译吗?

简明英汉互译

第一节　英汉句式特点差异

英汉两种语言句式特点差异明显。英语句子有严谨的主谓结构，主次分明，层次清楚，严密规范，句式呈聚集型（compactness）。汉语句子结构灵活多变，不受严格的形态约束，没有主谓形式协调一致的关系，句式呈流散型（diffusiveness）。

1. I don't mind whether you go or not.
   爱去不去。
2. Time must not be wasted if you want to do your bit in your remaining years or acquire some useful knowledge to improve yourself and help others, so that your life may turn out to be significant and fruitful.
   想在有生之年做点什么事情，学一点学问，充实自己帮助别人，使生命有意义，不虚度此生，那么就不可浪费光阴。

对照以上两组例句的原文和译文，可以看出英汉句式的差异：英语句子主谓结构完整，句子成分可以通过语法结构进行层层剖析；主谓结构控制整个句子的格局，主从区分明确。汉语句式灵活，可以没有主语；谓语不一定是一个动词，可以是一个词组，也可以是多个动词；分句之间没有明显的主从区分。英汉句式差异主要体现在以下三个方面：句内连接手段、构句原则以及语序。

一、句内连接手段的差异

英语句子尽管繁简交替，长短交错，但形式不流散，其主要原因是英语有许多聚集句子的手段：介词、连接词、形态标志（如 -ing、-ed、-s）等，它们的存在使句子中各种成分关系明确，也让句子结构完整。汉语缺乏形态标志，较少使用连接词，语句的结构关系较难分辨。

举　例

1. In the doorway lay at least twelve umbrellas of all sizes and colors.（介词）
   门口放着一堆伞，少说也有十二把，五颜六色，大小不一。
2. We wouldn't have known each other if we hadn't had a fight.（连词）
   我们是不打不相识。
3. Practically all substances expand when heated and contract when cooled.（形态标志）
   几乎所有的物质都是热胀冷缩的。

二、构句原则的差异

英语句子词语或成分之间必须在人称、数、性和意义等方面保持协调一致：1）语法一致，即在语法形式上保持主语和谓语动词之间数与人称的一致；2）意义一致，即主语和谓语在意义上保持一致；3）就近原则，即谓语动词的人称和数往往与其最靠近的词语保持一致。相比之下，汉语不受形态的约束，没有主谓形式协调一致的要求。

举 例

1. Jack tells me that they are bright students.（语法一致）
   杰克告诉我，他们是聪明的学生。
2. Two thousand dollars is more than he can afford.（意义一致）
   两千元美金他可付不起。
3. Neither you, nor I, nor anyone else knows the answer.（就近原则）
   你和我，以及其他任何人，都不知道答案。

三、语序的差异

第十章提到，英语和汉语在语序上的差异比较明显：英语语序灵活，不一定按照时间的顺序和逻辑顺序安排句子成分，但汉语表达总是遵循时间顺序和逻辑原则。

举 例

1. We won't force you to go since you don't want to.
   既然你不愿意去，我们也不愿意勉强你。
2. People should read the related regulations before they exploit natural resources.
   应该先阅读相关规定再开发自然资源。
3. It is right and necessary that people with different political and social systems should live side by side.
   尽管政治和社会制度不同，各国人民应该和谐相处，这是正确、必要的。
4. He worked hard at his lessons to pass the examination.
   为了通过考试，他刻苦读书。

由此可见，英汉句式特点差异较大，英语连接手段以及句法规则可以让主从关系一目了然，句子的逻辑比较明显，但汉语倾向于使用比较隐形、灵活的逻辑连接。这样的差异使主从的区分成为汉译英中的重难点，这也将是本章重点讲述内容。

第二节　汉译英中的主从区分

在汉译英时，要充分意识到英语主谓结构的提纲挈领机制，学会判断句子的主要成分

简明英汉互译

和次要成分，熟悉连接句子中各种成分的常见手段。以下将结合英语主谓结构的特点，阐述汉译英中常见的主从结构的处理方式。

一、汉语连动式的翻译

许多汉语句子包含多个表面上看起来不分主次的谓语动词，形成连动句（或称连动式）。这类句式通常只有一个主语，但包含多个动词，它们看起来没有主次之分。然而，仔细分析上下文，就会发现，这些连动谓语动词之间，存在一定的逻辑关系。因此，在汉译英过程中，需认真分析这些动词之间存在的关系，并考虑英语句式特点，用非谓语结构、介词短语或从句等方式译出。

1. 表示动作"次序"关系的连动式

如果汉语句中的动词有明显的先后次序，在译成英语时，可将第一个动作译成介词短语或非谓语结构，第二个动作译成谓语。

（1）译为介词短语

举 例

1. 她不顾生病，仍去开会。
   She attended the meeting despite her illness.
2. 去年秋天，我接到全国总工会的邀请，到北京参加国庆节庆祝活动。
   At the invitation of All-China Federation of Trade Unions, I went to Beijing to attend the National Day Celebrations.

（2）译为非谓语结构

举 例

1. 莉莉看了一遍书便做起题目来了。
   Having gone over the book, Lily began doing questions.
2. 他停下车后，拨打了求救电话。
   Pulling the car over, he called for help.

译海拾贝

举头望明月，　　　　　Looking up, I find the moon bright;
低头思故乡。　　　　　Bowing, in homesickness I am drowned.

（许渊冲　译）

2. 表示"手段—动作"关系的连动式

汉语中表示手段的部分，可译成介词短语或非谓语结构，补充说明谓语动作的实现手段。

（1）译为介词短语

举例

1. 以史为鉴，可以知兴替。
   By learning from history, we can understand why powers rise and fall.
2. 唯有团结协作、携手应对，国际社会才能战胜疫情，维护人类共同家园。
   Only with solidarity and by cooperation can the international community prevail over the pandemic and safeguard the common homeland of humanity.

（2）译为非谓语结构

举例

1. 你可以运用词干和构词法的知识，猜测生词的意思。
   Using what you know of word stems and formations, you can make a guess at the meaning of a new word.
2. 电商绕过批发商，把农民与顾客联系起来。
   E-commerce, bypassing wholesale buyers, links the farmers to customers.

3. 表示"目的—动作"关系的连动式

汉语中表示目的的部分，英译时可译成介词短语、非谓语结构或者目的状语从句，补充说明谓语动作的目的。

（1）译为介词短语

举例

1. 我们力求提高出生率。
   We strive for higher birth rate.
2. 他去公园散了散步。
   He went to the park for a walk.
3. 为了更好地了解中国，许多外国人学起了汉语。
   For a better understanding of China, many foreigners have begun to study the Chinese language.
4. 这家公司正推出新产品，期望吸引更多的消费者。
   The company is offering new models in hopes of attracting more consumers.

简明英汉互译

（2）译为非谓语结构

举 例

1. 他工作了一整个夏天，<u>为的是存钱买架钢琴</u>。
   He worked all summer <u>to save more money</u> for the purchase of a piano.
2. <u>为挽回他的生命</u>，医疗专家已进行了长时间的奋力施救。
   Medical specialists have fought a long battle <u>to save his life</u>.
3. 第二天一大早，爸爸就去亲戚处<u>借交学费的钱</u>。
   Early next morning, my father went to some relatives <u>to borrow some money for tuition</u>.
4. 中国政府将采取更有力的措施，<u>进一步健全耕地保护制度</u>。
   Chinese government will adopt still more effective measures <u>to improve the land preservation system</u>.

（3）译为目的状语从句

举 例

1. 火箭必须获得每秒大约5英里的速度，<u>以便把卫星送入轨道</u>。
   A rocket must attain a speed of about five miles per second <u>so that it may put a satellite in orbit</u>.
2. 家长会上，家长们个个全神贯注地倾听、记录，<u>生怕漏掉一点内容</u>。
   At the parents' meeting, every parent listens and takes notes with rapt attention <u>lest he or she might miss anything</u>.
3. 他打算做一次演说，<u>以便我们能更好地理解当今国际形势的风云变幻</u>。
   He is planning to make this speech <u>in order that we might have a better understanding of the changes of the international situation</u>.

4. 表示"方式（状态）—动作"的连动式

在汉译英中，表示方式和状态的部分，可译成介词短语、非谓语结构，补充说明谓语动作的方式或现有状态。

（1）译为介词短语

举 例

1. 他们<u>热烈鼓掌</u>欢迎外国来宾。
   They welcomed the foreign guests <u>with warm applause</u>.
2. 他跟着大队<u>坐车</u>到乡下收麦去了。
   He went harvesting in the countryside <u>by car</u> with the rest of the company.
3. 王老师<u>搬着一把崭新的椅子</u>，喜气洋洋地穿过校园。
   Professor Wang was making his jubilant way through the school grounds, <u>with a brand-new chair held in both hands</u>.

（2）译为非谓语结构

举 例

1. 她哼着小曲，回到了寝室。
   Singing a song, she came back to her dormitory.
2. 他快步走向大厅，身后跟着两个卫兵。
   He hurried to the hall, followed by two guards.
3. 中国人民在中国共产党领导下，团结一致地进行着伟大的社会主义建设。
   Led by the Chinese Communist Party, the Chinese people, united as one, are engaged in the great task of building socialism.

二、汉语兼语式的翻译

汉语兼语式句子中，两个动词的主语是不相同的，即第一个动词的主语就是该句的主语，而第二个动词的主语则是第一个动词的宾语。兼语式句子英译时，一般可用介词短语或非谓语结构，将兼语式的第二个动词转化为英语的宾语补足语或者状语。

1. 译为介词短语

举 例

1. 老师表扬他有勇气。
   The teacher praised him for his courage.
2. 贝奇设法说服我加入她们的协会。
   Becky tried to reason me into joining their society.
3. 大家都说，新来的支书能够领导大家脱贫致富。
   They all say that the new Party secretary is capable of leading them all off poverty and into prosperity.

2. 译为非谓语结构

举 例

1. 我们会随时让你知道情况。
   We'll keep you informed.
2. 亲戚们都劝他戒烟。
   The relatives all advised him to give up smoking.
3. 我讨厌他穿绿衬衫。
   I dislike him wearing a green shirt.
4. 他们终于听到了小鸟在林子里唱歌的声音。
   After all they can hear birds singing in the trees.

简明英汉互译

译海拾贝

春眠不觉晓，	Slumbering, I know not the spring dawn is peeping,
处处闻啼鸟。	But everywhere the singing birds are cheeping.
夜来风雨声，	Last night I heard the rain dripping and wind weeping.
花落知多少。	How many petals are now on the ground sleeping.

（吴钧陶 译）

三、汉语偏正复句的翻译

汉语偏正复句的翻译较为棘手。通常情况下，偏句传递较为次要的信息，类似于英语中的从句；正句传递较为重要的信息，类似于英语中的主句。偏正复句一般包含有表示时间、目的、假设、让步、条件等关系的偏句，可根据具体情况译成英语的各类从句、不定式或分词短语等。

1. 时间关系

汉语通常用"（当）……时""（在）……时""……之后""……之前"等关联词表达偏句和正句之间的时间关系。有时，这类表时间关系的词也可省略。汉译英时，如果偏句强调时间背景，可译作 when、while、after、before、as 等引导的时间状语从句，或者将偏句译成非谓语结构，从而体现偏句谓语动作和正句谓语动作之间的时间顺序。

举例

1. <u>趁我还没忘记</u>，这就把事办了。
   I'll do it <u>before I forget it</u>.
2. <u>这时我看见他的背影</u>，我的泪很快地流下来了。（朱自清，《背影》）
   <u>While I was watching him from behind</u>, tears gushed from my eyes.（张培基 译）
3. <u>他被逼急了</u>，也就顾不得老婆的叮嘱，说出了实情。
   <u>Hard pressed</u>, he told the truth in spite of his wife's warnings.
4. <u>他被剥夺了权力之后</u>，只好离职，流落他乡。
   He had to quit the position and went in exile, <u>having been deprived of his power</u>.

2. 因果关系

汉语通常用"因为""因此""所以""以致"等关联词表达偏句和主句之间的因果关系。有时，这类表因果关系的词也可省略。英语中表示原因的引导词有 because、since、as、due to 等；表示结果的引导词有 so、hence、thus、therefore 等。汉译英时，可用上述英语词汇表达偏句和正句之间的因果关系。但要注意，英语中表原因和表结果的词不能连用，如 because 不和 so 连用。

> **举 例**

1. 既然这种方式不行，我们试试别的方式吧。
   Since this doesn't work, let's try another way.
2. 你们事先没有充分调查，以致做出了错误的结论。
   You didn't conduct adequate research beforehand. As a result, you came to the wrong conclusion.
3. 那条路弯弯曲曲的，天气不好的时候，开车可得小心。
   Drive carefully on that road in bad weather as it's very winding.
4. 人与兽类不同，人能思维，会说话。
   Men differ from brutes in that they can think and speak.

3. 假设关系

假设关系的汉语复句可以分成两种情况：1）偏句和正句之间存在顺承关系，关联词语通常为"如果""假若""倘若""要是"等；2）偏句和正句之间存在"逆接"关系，关联词通常为"即使""纵使""就算""哪怕"等。在译成英语时，通常用 if 或者 when 来体现偏句和正句之间的假设关系。

> **举 例**

1. 倘若他们不来怎么办？
   What shall we do if they fail to turn up?
2. 无事不登三宝殿。
   I wouldn't come to you if I hadn't something to ask of you.
3. 朱迪说，即使世界上只剩下弗雷德一个男孩，她也不会和他约会。
   Judy says she wouldn't date Fred if he were the last boy in the world.
4. 要是你总觉得没有能力完成这个任务，那么就更难完成了。
   When you keep considering the task is beyond your capability, it'll be more difficult for you to fulfill the task.

4. 转折让步关系

汉语通常用"虽然……但是""尽管……可是"等关联词表达偏句和正句之间的转折让步关系。有时，这类关联词也可以省略。译成英语时，可用 although、even though、as、despite 等，体现偏句和正句之间的转折让步关系。但要注意，英语中表转折和表让步的关联词不能连用，如 although 不和 but 连用。

> **举 例**

1. 虽然天气极冷，大家工作还是非常投入。
   Everybody worked with great enthusiasm although the weather was extremely cold.
2. 虽然不少人劝过她，但她还是不同意和他和解。
   She still refuses to make it up with him despite exhortations from many people.

3. 狼披着羊皮还是狼。
   A wolf remains a wolf even though it is in sheep's clothing.
4. 就算我承认你说的话，但我还是认为你犯了个错误。
   I still think that you made a mistake while I admit what you say.

5. 条件关系

条件关系可以分为两种：1）偏句和正句之间存在特定条件关系，汉语关联词通常为"如果""只有""只要"等，有时这种条件关系也隐藏在字里行间；译成英语时，可用 if、as long as 等连接主从部分。2）偏句和正句之间是无条件关系（强调不论在什么情况下，都可能发生同样结果），汉语关联词通常为"不论""不管""任凭"，译成英语时，可用 no matter、whatever、wherever、at any rate 等连接主从部分。

举 例

1. 如果某物具有适应环境的能力，我们就说它具有智力。
   If something has the ability to adjust itself to the environment, we say it has intelligence.
2. 只要给火箭加上足够燃料，它就能把卫星送入太空。
   So long as enough fuel is put in the rocket, it will carry the satellite up into space.
3. 不入虎穴，焉得虎子？
   If you don't enter the tiger's lair, how can you catch the tiger?
4. 不论将面临什么样的障碍，他们都下决心坚决执行计划。
   They were determined to carry out their plan no matter what obstacles they would have to face.
5. 无论我们身处地球上的什么地方，我们总被空气包围着。
   Wherever we are on earth, we are surrounded by air.

综上所述，汉译英过程中，首先要熟悉汉语的句式特点，注意解读汉语分句之间的隐性逻辑关联；其次，要熟悉英语主谓结构的基本要求，注意区分句子的主要部分和从属部分，并充分运用各种连接手段，准确地传达原文的意义。

练 习 题

一、填空题

请按要求填空。

1. 我们体育健儿的目标是：冲出亚洲，走向世界。
   Our athletes' aim is to rush out of Asia _____.（介词短语）
2. 把鸡蛋和面粉混合，你就能做出那种蛋糕。
   You can make the cake _____.（介词短语）

3. 他去老师那里请假。
   He went to the teacher _____.（非谓语结构）
4. 她手里拿着一本书回来了。
   She came back _____.（介词短语）
5. 虚心使人进步。
   Modesty helps one _____.（非谓语结构）
6. 经理期望我们在工作中尽职尽责。
   The manager expected us _____ in our work.（非谓语结构）
7. 种瓜得瓜，种豆得豆。
   _____ you sow, so will you reap.（连接词）
8. 打肿脸充胖子，吃亏的是自己。
   _____ you get beyond your depth, you'll suffer.（连接词）
9. 去了也是白去。
   _____ you go there, it won't do any good.（连接词）
10. 我后悔听了她的劝告。
    I regret _____.（非谓语结构）

二、句子翻译

1. 那位老人拄着拐杖走路。
2. 市政府采取各种措施招商。
3. 我看到他背着书包去上学了。
4. 我已经替你找到一份好工作了。
5. 那晚，他们都劝我先休息一下。
6. 暑假里她乘火车到西安去参观。
7. 大火把小村庄里的房子夷为平地。
8. 她有自己的方式让别人接受她的想法。
9. 我们应该使每一个学生在德智体方面都得到发展。
10. 我们的"广播剧院"节目长达 150 分钟，经常在演出时进行实况转播。

三、段落翻译

中国幅员辽阔，人口众多，很多地方人们都说自己的方言。方言在发音上差别最大，词汇和语法差别较小。有些方言，特别是北方和南方的方言，差异很大，以至于说不同方言的人常常很难听懂彼此的讲话。方言被认为是当地文化的一个组成部分，但近年来能说方言的人数不断减少。为了鼓励人们更多说本地方言，一些地方政府已经采取措施，如在学校开设方言课，在广播和电视上播放方言节目，以期保存本地的文化遗产。（2019 年 6 月大学英语六级考试翻译试题）

第十二章

从句的译法

你知道
- "He who knows most speaks least."怎么翻译吗?
- "All that ends well is well."是什么意思吗?
- "If you run after two hares, you will catch neither."是什么意思吗?

简明英汉互译

 第一节　名词性从句的译法

名词性从句包括主语从句、宾语从句、表语从句和同位语从句等。这几类名词性从句，通常由连接代词（如 what、who、which）、连接副词（如 when、why、how、where）、从属连词（如 that、whether、if）引导。由于这几种从句有类似的特点，在翻译中又有类似的规律，它们的译法将在这一节中一并详述。

一、主语从句的译法

1. 按原文语序翻译

位于句首的主语从句，通常可按原文语序翻译。

举　例

1. What we need, then, is a smart transportation system equal to the needs of the 21st century.
   我们需要的是与 21 世纪的需求相匹配的智能交通系统。
2. That a man could live for so many years alone in the mountains is really something unthinkable.
   一个人能够在独自在山里生活这么多年真是不可思议。
3. Whoever comes to our public library will be welcomed.
   什么人到我们公共图书馆来都欢迎。
4. Where we shall go for practice in the winter vacation has not been decided.
   我们寒假去何处实习还未决定。

2. 将主语从句前置翻译

有些英语句子中，非人称代词 it 作为形式主语置于句首，真正的主语为主语从句，通常位于句尾。在翻译这类主语从句时，考虑到汉语的表达习惯，倾向于先翻译主语从句，再翻译主句。

举　例

1. It doesn't make much difference whether he attends the meeting or not.
   他参不参加会议都没多大关系。
2. It is truly remarkable that China, the largest developing country in the world, has kept overall employment stable in the face of such an enormous shock.
   作为世界上最大的发展中国家，中国在巨大冲击下能够保持就业大局稳定，尤为难能可贵。

二、宾语从句的译法

1. 按原文语序翻译

直接跟在谓语后的宾语从句，通常可按原文语序翻译。

举 例

1. Computers can only do what men have them do.
   电脑只能做人让它们做的事。
2. Can you hear what I say?
   你能听到我所讲的吗？
3. Mary always thought how she could do more for human kind.
   玛丽总是想着怎样为人类做更多的贡献。
4. History fully shows that China cannot do without the world in achieving development, and that the world also needs China for prosperity.
   历史充分说明，中国的发展离不开世界，世界的繁荣也离不开中国。

2. 将宾语从句前置翻译

当英语句子中谓语和宾语相隔较远，且宾语从句内容较复杂，译成汉语时，可先翻译宾语从句的内容，再翻译主句。这种翻译处理方式多见于以下几种情况：1) it 作形式宾语，位于句首，与真正的宾语从句（通常位于句尾）位置相隔较远；2) 由于特殊结构的要求，为保持句子平衡，宾语从句没有紧跟在谓语后，而是位于句尾；3) 位于介词后面的宾语从句。

举 例

1. I regard it as a great honor that I am appointed as CFO of a world-famous hi-tech enterprise in the field of professional drive industry.
   我被任命为传动专业领域一家世界闻名的高科技公司的首席财务官，对此我感到十分荣幸。
2. Never put off until tomorrow what you can do today.
   今日事，今日毕。
3. We have no definite information yet as to which route he will take.
   关于他将走哪条路线，我们还没有确切的消息。

三、表语从句的译法

表语从句通常位于句尾，一般可按原文语序翻译。

举 例

1. Water is what all living things need.
   水是一切生命之所需。

简明英汉互译

2. That was how a small nation won the victory over a big power.
   就这样，小国战胜了大国。

3. Education is what remains after one has forgotten everything one has learned in school.
   教育就是当一个人把学校所学全部忘光之后剩下的东西。（爱因斯坦）

四、同位语从句的译法

1. 按原文语序翻译

当同位语从句位于句尾，可按照原文的语序进行翻译，也可视情况在译文中加入冒号、破折号或者"这样""这一""即"等。

举 例

1. But considered realistically, we had to face the fact that our prospects were less than good.
   但是现实地考虑一下，我们不得不正视这一事实：我们的前景并不妙。

2. First of all, we need to recognize the essential truth that languages can only be learned instead of being taught.
   我们必须首先弄清一个基本事实：真正要掌握语言，主要是靠自己学，而不是靠别人教。

3. He expressed the hope that he would do the experiment again.
   他表达了自己的愿望，即他要再做一次实验。

2. 同位语从句译作前置定语

有些同位语从句也可译作前置定语，多见于以下情况：1）同位语从句较简短；2）同位语从句修饰主语且位于句中。

举 例

1. We are not investigating the question whether he is trustworthy.
   我们不是在调查他是否可以信任的问题。

2. Obviously there was little probability that they would succeed, but they don't mind.
   很显然，他们成功的可能性很小，但是他们不在乎。

3. The problem that all machines in this factory must be automated will be solved before long.
   该厂所有机器必须实现自动化的问题不久就会解决。

英语的名词性从句虽然相对来说不算十分复杂，但也有一些容易让译者难以处理的地方。译者需要认真理解原文的含义，充分考虑到译入语的习惯用法，灵活运用上述处理方法，才能获得最佳翻译效果。

第二节　定语从句的译法

英语和汉语在定语的使用上有一定差异。从句法角度来说，英语的定语位置比较灵活，可以放在被修饰词的前面，也可以放在后面，但汉语的定语多数情况下放在被修饰词的前面。从构成方式来说，英语的定语可以是单词、短语，还可以是从句，英语定语从句结构有的简单，有的复杂，对先行词的约束程度也有所不同，而汉语中没有类似定语从句的结构。鉴于英语和汉语定语的不同功能和使用规则，通常情况下，翻译英语定语从句可采取以下几种处理方式。

一、译成前置定语

以关系代词（如 that、who、which）和关系副词（when、why、where）引导的限定性定语从句，如果定语从句较简短，而且被修饰词（先行词）前后没有其他较强的定语修饰成分，一般可译成简短的前置定语。

举　例

1. He <u>who knows most</u> speaks least.
   大智若愚。
2. The world is increasingly becoming a community with a common future <u>in which all countries are interdependent</u>.
   国际社会日益成为一个你中有我、我中有你的命运共同体。
3. The people from all walks of life in that city have donated a large sum of money to help the workers <u>whose hometowns were plagued by the snowstorm last winter</u>.
   该城各行各业的人捐了一大笔钱帮助<u>去年冬天家乡遭遇雪灾的</u>外来工人。
4. In the room <u>where the electronic computer is kept</u>, there must be no dust at all.
   <u>存放电子计算机的</u>房间里，不能有一点儿灰尘。

二、译成后置分句

如果定语从句内容和结构较为复杂，或者该从句意义上有较强的独立性，可将其置于被修饰名词之后，译成一个分句。采取这种译法时，往往要重复先行词，有时也可在该词之前加指示词"这""这个""这种""这些"等，使译文含义更明确，表达更通顺。

举　例

1. My heart is full of happiness, <u>which I like to share with others</u>.
   我心中充满了快乐，<u>想与人分享</u>。
2. Popular modes of transport are walking, riding horse carriages and taking the electric taxis <u>which transport passengers and their luggage through the narrow alleys</u>.

流行的交通方式是步行、乘坐马车和电动出租车，<u>电动出租车不仅运送游客穿过狭窄的小巷，还运送他们的行李</u>。

3. We'll create highly-skilled construction and operating jobs, and generate demand for technology that <u>gives a new generation of innovators and entrepreneurs the opportunity to step up and lead the way in the 21st century</u>.

   我们将创造需要高技能的建设和运营岗位，并增加对技术的需求，<u>这将给新一代的创新者和企业家机会，使他们脱颖而出，引领21世纪</u>。

三、融合译法

　　融合译法是指把原文主句中的先行词和定语从句融合在一起，译成一个简单句。这种译法一般多见于主句为 there be 句型或 this/that is 句型中。

举　例

1. There were some students at the party <u>who I must shun</u>.
   聚会上有些学生我必须回避。

2. There is nothing <u>that does not contain contradiction</u>.
   没有什么事是不包含矛盾的。

3. There is something <u>that they long to do</u> or some public object <u>that they long to work for</u>.
   他们希望有点事情可做，希望为某项公共事业做点贡献。（罗素）

4. This is the very laser scalper <u>which he used to operate on a patient suffering from malignant tumor</u>.
   他就是用这把激光刀给一位患恶性肿瘤的病人动手术的。

四、译成状语

　　有些定语从句可以表示时间、原因、结果、目的、条件、让步等意义。翻译时，首先要判断主从句之间的逻辑关系，然后再将定语从句翻译成相应的状语。

举　例

1. A driver mustn't talk with others or be absent-minded <u>who is driving the bus</u>.
   司机开车时，不许和人谈话，也不能走神。（时间状语）

2. The ambassador was giving a dinner for a few people <u>whom he wished especially to talk to or to hear from</u>.
   大使只宴请了几个人，因为他特别想和这些人谈谈，听听他们的意见。（原因状语）

3. He decided to take this difficult course, <u>which has made him extremely busy during the summer</u>.
   他决定修这门很难的课，<u>结果他整个夏天忙得不亦乐乎</u>。（结果状语）

4. It is necessary for us to conduct negotiation on the quality discrepancy, <u>which may help sustain our long-term cooperation</u>.
   有必要就质量异议进行友好协商，<u>以便维持我们的长期协作</u>。（目的状语）

5. Electrical energy that is supplied to a motor may be converted into mechanical energy of motion.
   只要电能供给发动机,它就会变成运动的机械能。(条件状语)
6. Thus his advice on the feeding of children, the general tenor of which is good, could hardly be followed with safety in detail.
   所以,他关于喂养孩子的建议虽然主旨很好,却很难具体而又安全地实施。(让步状语)

译海拾贝

- A book that remains shut is but a block.
  书本不常翻,犹如一块砖。
- All that ends well is well.
  结果好,一切都好。

综上所述,定语从句在英语中使用广泛,其翻译处理方法也多种多样。要翻译好定语从句,首先要理清原文的结构和意义,弄清定语结构所修饰的先行词;然后,要考虑到汉语的表达习惯,视不同情况运用不同的翻译方法。

第三节　状语从句的译法

英汉语言在建构句子时,遵循不同的时间顺序和逻辑顺序。在表达时间顺序时,英语常用从属连词将分句连接起来,主从顺序比较灵活,不必按照时间顺序安排主从关系;汉语则主要依照时间的自然进程铺展,即先发生的先说。表达逻辑顺序时,汉语先列举原因或条件再陈述结果。

英语的状语从句主要包括时间、地点、条件、让步、原因等各种从句,英译汉时要注意英汉在使用状语方面的共性和特性,使译文符合译入语的表达习惯。

一、时间状语从句的译法

时间状语从句,通常以从属连词 when、while、as 等引导。英译汉时,可译成相应的时间状语、并列分句或条件状语。

1. 译成时间状语

有些时间状语从句,可按原文语序译成时间状语,如"(当)……时""(在)……时""……之前""……之后"。有时,译文也可省略表示时间的连接词。

简明英汉互译

> 举 例

1. As I was looking for my purse, the inn-keeper came in.
   我正在找钱包时,店主走了进来。
2. Please turn off the light when you leave the room.
   离开屋子时请关灯。
3. When you got nothing, you got nothing to lose.
   当你一无所有,你就没有什么可以失去。
4. The fire lasted about four hours before the firefighters could control it.
   大火持续了大约四个小时之后,消防员才将火势控制住。

2. 译成汉语的并列句或者平行结构

> 举 例

1. He shouted as he ran.
   他一边跑,一边喊。
2. I was about to speak when Mr. Smith cut in.
   我正想讲,史密斯先生就插嘴了。
3. They set him free when his ransom had not yet been paid.
   他还没有交赎金,他们就把他放了。

3. 译成条件状语

　　某些时间状语从句和主句之间存在一定的条件关系,此种情况下,可将从句译成条件状语。

> 举 例

1. Turn off the switch when anything goes wrong with the machine.
   如果机器发生故障,就把电闸关上。
2. A body at rest will not move till a force is exerted on it.
   若无外力的作用,静止的物体不会移动。
3. We can't start the job until we have the approval from the authority concerned.
   如果没有有关当局的批准,我们不能开始这项工作。

二、地点状语从句的译法

　　地点状语从句,一般以从属连词 where 等引导。译成汉语时,常常译成相应的地点状语或条件状语。

1. 译成地点状语

有些地点状语从句，可按原文语序译成地点状语，如"在……地方/之处"。

> 举 例

1. Why don't you put your number where it can be seen?
   为什么不把号码挂在醒目的地方呢？
2. Make marks where you have questions.
   在你有问题之处做上记号。
3. They have kept the money where nobody will ever find it.
   他们把这笔钱放在没人能够找到的地方。

2. 译成条件状语

有些地点状语从句，与主句之间存在条件关系。此时，从句可译成带有"如果""只要"等关联词的条件状语。

> 举 例

1. Where there is a will, there is a way.
   有志者，事竟成。
2. The materials are excellent for use where the value of the workpieces is not high.
   如果零件价值不高，使用这些材料是最好不过的了。
3. Where water resources are plentiful, hydroelectric power stations are being built in large numbers.
   只要哪里水源充足，就在哪里修建大批的水电站。

三、原因状语从句的译法

英语原因状语从句位置灵活，而汉语一般先说原因后说结果。因此，在处理原因状语从句时，译文应尽量遵循汉语先因后果的语序，有时候也可省略关联词。

> 举 例

1. They had to shelve their holiday plans because their son was ill.
   儿子生病了，他们不得不搁置度假计划。
2. Because we are both prepared to proceed on the basis of equality and mutual respect, we meet at a moment when we can make peaceful cooperation a reality.
   由于我们双方都准备在平等互敬的基础上行事，所以我们在这个时刻会晤就能够使和平合作成为现实。
3. We had to put the meeting off since so many people were absent.
   很多人没有来，会议只好延期。

四、条件状语从句的译法

1. 译成表示"条件"或"假设"的分句

条件状语从句的位置和引导词虽然有所不同,但都可以译成带有"如果……""只要……""万一……""那么……"等表示"条件"或者"假设"的分句。

举 例

1. If you run after two hares, you will catch neither.
   脚踏两条船,必定会落空。
2. So long as enough fuel is put in the rocket, it will carry the satellite up into the space.
   只要给火箭加上足够燃料,它就能把卫星送入太空。
3. Plants will grow well if air, water and sunlight are enough.
   如果空气、水和阳光充足,植物就长得好。

2. 译成补充说明情况的部分

如果条件状语从句与主句之间的关联性不强,更多的是充当了补充说明的成分,在译成汉语时,可将状语从句部分置于译文的句尾。

举 例

1. You can drive tonight, if you are ready.
   你今晚就可以出车,如果你愿意的话。
2. We'll come over to see you on Thursday if we have time.
   我们将在星期四来看你,如果有空的话。

3. 译成表示"时间""让步""结果""原因"等的分句

举 例

1. If we have carried on thorough investigation, we can draw a correct conclusion.
   只有当我们做了彻底的调查之后,才能得出正确的结论。
2. If she is too old to work much, the retired worker is very enthusiastic about neighborhood affairs.
   虽然这位退休老工人年迈不能多操劳,但是她对街道工作非常热心。
3. If he was so able as to solve such a difficult chemistry problem known to the world, it is because he was extremely hard working and absolutely absorbed in chemistry.
   他之所以解决了这样一个世界上有名的化学难题,是因为他非常努力,对化学极感兴趣。

五、让步状语从句的译法

1. 译成表"让步"的分句

当让步状语从句位于句首时，可按照原文的语序，将原文的从句译成含有"虽然""虽说""虽"等表示让步含义的分句。

举 例

1. Although it was so cold, he went out without an overcoat.
   天气虽然很冷，他没有穿大衣就出去了。
2. While this is true of someone, it is not true of all.
   虽有一部分是如此，但不见得全部都是如此。
3. Although energy can be changed from one form into another, it can neither be created nor destroyed.
   能量虽然可以由一种形式转变为另一种形式，但它既不能创造，又不能消灭。
4. Nothing could have saved him even if he had been tended without delay.
   纵然当时他得到了及时的救护，他的生命也无法挽救。

2. 译成"无条件"的条件分句

由"no matter + 疑问副词"和"no matter + 疑问代词"引导的条件状语从句，可译成带有"无论""不论""不管"等关联词的"无条件"的条件分句，即强调不论什么情况之下，都可能发生同样结果的表达。

举 例

1. No matter how the world evolves, we will stand firmly for multilateralism and against unilateralism.
   无论风云如何变幻，我们都继续坚持维护多边主义，坚定反对单边主义。
2. They were determined to carry out their plan no matter what obstacles they would have to face.
   不论将面临什么样的障碍，他们都下决心坚决执行计划。
3. I'll be right here waiting for you, wherever you go, and whatever you do.
   无论你去哪里，无论你做什么，我都会在这里等你。

六、目的状语从句的译法

1. 译成表示目的的前置分句

有些目的状语从句可译成带有关联词"为了"表示目的的前置分句。

简明英汉互译

> **举 例**

1. He pushed open the door gently and stole out of the room <u>for fear that he should awake her.</u>
   <u>为了不惊醒她</u>，他轻轻推开房门，悄悄地溜了出去。
2. They stepped into a helicopter and flew high in the sky <u>in order that they might have a bird's-eye view of the city.</u>
   <u>为了鸟瞰这个城市</u>，他们跨进直升机，凌空飞行。
3. It is necessary first to convert the chemical energy into heat by combustion <u>for the purpose that useful work from the chemical energy stored in fuels might be produced.</u>
   <u>为了可以将存储于燃料中的化学能量转变成有用功</u>，首先需要通过燃烧把化学能转化为热能。

2. 译成表示目的的后置分句

有些目的状语从句可译成表示目的的后置分句，这时分句常用的关联词有："以便""防止""省得""以防"等。

> **举 例**

1. They set out early <u>so that they might arrive in time.</u>
   他们早点动身，<u>以便准时到达</u>。
2. The murder ran away as fast as he could, <u>so that he might not be caught red-handed.</u>
   凶手尽可能快地跑开了，<u>以免被人当场抓住</u>。
3. Steel parts are usually covered with grease <u>for fear that they should rust.</u>
   钢制零件通常涂上润滑脂，<u>以防生锈</u>。
4. Extensive records are maintained <u>so that all parts are traceable throughout the life of an aircraft.</u>
   全面的数据记录都要一直保留，<u>以便飞机在整个使用周期内所有部件都可追溯</u>。

综上所述，在翻译英语的从句时，应先分析句子结构，理清从句的功能以及它们和主句的关联关系，同时要兼顾汉语的时间和逻辑顺序，从而让译文准确传递原文含义。

> **译家之言**
>
> 逻辑是翻译者的最后一张王牌，是他必须具有的基本要素。俗话说的"岂有此理"，正是翻译者随时需要的考点。凡是翻译出来的一字一句，一事一物，都必须要合乎逻辑，合乎情理。否则必然有误。　　　　　——钱歌川

第十二章 从句的译法

练 习 题

一、改善译文

1. A civilization that encourages the motive of self-interested calculation to rule every sphere of social life is on a sure path to moral bankruptcy.
   原译：一种鼓励人们工于算计并让这种工于算计的行为统治了社会生活的方方面面的文明是注定要在道德方面破产的。
   改译：＿＿＿＿＿＿＿＿＿＿＿＿＿＿＿＿＿＿＿＿＿＿＿＿＿＿＿＿＿＿＿＿＿＿＿＿

2. Careful maintenance is essential if the machine is to give reliability.
   原译：如果机器要给予可能性，则细心的维护是必要的。
   改译：＿＿＿＿＿＿＿＿＿＿＿＿＿＿＿＿＿＿＿＿＿＿＿＿＿＿＿＿＿＿＿＿＿＿＿＿

3. How can I help them to understand when they won't listen to me?
   原译：我怎么能帮他们了解呢，这个时候他们连我的话都听不进去？
   改译：＿＿＿＿＿＿＿＿＿＿＿＿＿＿＿＿＿＿＿＿＿＿＿＿＿＿＿＿＿＿＿＿＿＿＿＿

4. It noted that being overweight has been linked to sickness and death from such as high blood pressure, diabetes and heart disease.
   原译：它指出，过胖与疾病及诸如高血压和糖尿病引起的死亡有关。
   改译：＿＿＿＿＿＿＿＿＿＿＿＿＿＿＿＿＿＿＿＿＿＿＿＿＿＿＿＿＿＿＿＿＿＿＿＿

5. They never imagined that any considerable amount of public opinion would be rallied in their favor.
   原译：他们从未想象过有任何相当数量的公众意见会聚集到对他们有利的方面来。
   改译：＿＿＿＿＿＿＿＿＿＿＿＿＿＿＿＿＿＿＿＿＿＿＿＿＿＿＿＿＿＿＿＿＿＿＿＿

二、句子翻译

1. That a moving body has kinetic energy is known to all of us.
2. We have no information yet as for which flight she will take.
3. The fact is that electronic computers are of great benefit to the development of science and technology.
4. Obviously there was little probability that they would succeed, but they didn't mind.
5. Can you answer a question which I want to ask and which is puzzling me?
6. The thin valley in the Mid-Atlantic Ridge（中大西洋山脉）is the place where the ocean floor splits.
7. If you see anything suspicious, inform the police at once.
8. So long as we are closely united, we can surely overcome these difficulties.
9. He got the same result whichever way he did the experiment.
10. The man who sought the good life should be ready to learn from others, no matter they ranked higher or lower socially than himself.

三、段落翻译

明朝统治中国276年,被人们描绘成人类历史上治理有序、社会稳定的最伟大的时代之一。这一时期,手工业的发展促进了市场经济和城市化。大量商品,包括酒和丝绸,都在市场销售。同时,还进口许多外国商品,如时钟和烟草。北京、南京、扬州、苏州这样的大商业中心相继形成。也是在明代,由郑和率领的船队曾到印度洋进行了七次大规模探险航行。还值得一提的是,中国文学的四大经典名著中有三部写于明朝。(2017年6月大学英语六级考试翻译试题)

第十三章

长难句的译法

你知道
- 什么是"形合"与"意合"吗?
- 什么是"树形语言"与"竹形语言"吗?
- "You're talking delightful nonsense."怎么翻译吗?

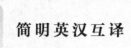

第一节　英语的形合与汉语的意合

英语和汉语属于不同语系，在遣词造句、句法结构和行文方式等方面存在着较大差异。英语造句主要采用形合法，汉语造句主要采用意合法。例如，"我爱你，你爱那条狗。"如果译成"I love you, you love that dog."，无疑是错误的。正确的译法应该是运用恰当的连词，把两句话之间的关系表明："I love you, but you love that dog."，或者"Although I love you, you love that dog."。由此可见，英汉造句法差异明显。

一、英语的形合法

英语造句常用各种形式手段来连接单词、短语或从句，注重显性衔接，以形式彰显语法、逻辑、意义关系。英语中的连接手段和形式不仅数量大、种类多，而且运用十分频繁。主要表现在以下方面：

1. 运用连接词

连接词是英语形合法的重要手段，包括并列连词和从属连词。并列连词有 and、or、but、yet、so、nor、for 等，从属连词有 when、while、as、since、until、because、so...that、unless、lest 等，用来连接单词、短语和分句。汉语则少用甚至不用这类词。

1. If I had known this, I would not have joined in it.
   早知如此，我就不参加了。
2. The future is bright while the road ahead is tortuous.
   道路是曲折的，前途是光明的。

2. 运用介词

介词是英语里最活跃的词类之一，是连接单词、短语或分句的重要形合手段，英语造句几乎离不开介词，汉语则常常不用或省略介词。

Change of information, if any, concerning the contents of this section will be found in the appendix at the end of this book.
本节内容如有更改，均见本书末附录。

3. 运用关系词

英语形合法的另一手段是运用关系词，包括关系代词、关系副词（引导定语从句）；连接代词、连接副词（引导名词性从句），如 who、whom、whose、that、which、what、when、where、why、how 等，用来连接主句与主语从句、宾语从句、表语从句和定语从句。

举例

The little boy, who was crying as if his heart would break, said, when I spoke to him, that he was very hungry, because he had no food for two days.
那个小男孩正在哭泣，好像很伤心。我问他时，他说很饿，已经两天没吃东西了。

以上例句中，原文短短的一句话包含了定语从句、状语从句和宾语从句，以主谓结构"The boy... said..."为主干，四个小分句由关系词 who、that 和连接词 when、because 粘合起来挂在主干上，整个句子秩序井然，层次分明。

4. 运用其他连接手段

英语还广泛使用代词和词的形态变化等手段。其中词的形态变化包括词缀变化，动词、名词、代词、形容词和副词的形态变化（如性、数、格、体、时、语态、语气、比较级等）。英语常常综合运用上述的连接词、介词、关系词以及其他连接手段，把各种成分连接起来，构成长短句子，表达一定的语法关系和逻辑联系。

举例

He flew home from E'mei Mountain where he had been spending his vacation the day after he got the telegram saying that his grandfather had died of lung cancer.
他本来正在峨眉山度假，接到祖父因肺癌去世的电报，第二天就坐飞机回家了。

此例句中，原文通过动词的形态变化来表明时间的变化，另外还借助介词短语和非谓语动词将各成分连接起来，而汉语译文省略了上述连接手段，动词本身也没有形态变化。

总的来说，英语的句子是主语和谓语作为主干提携全句，其他成分通过各种形合手段在主干上进行空间构造，形成包含各种层次结构和逻辑关系的复杂长句。整个句子好比一棵参天大树，枝蔓横生，互相攀附而不失严谨、缜密。因此，英语又被称为"树形语言"。

二、汉语的意合法

汉语的形合手段比英语少得多，造句少用甚至不用形式连接手段，词语之间的关系常在不言之中，语法意义和逻辑关系常隐含在字里行间。

汉语的意合法最主要的手段是语序，语义与语序密切相关。德国语言学家洪堡特也认为，"汉语没有形式上的语法区别，抛弃了一切无用的附属装置，从而使句子跟思想的顺序密切对应"。

举例

开始我和母亲是不让父亲抽烟的，得了绝症后，想开了，抽吧，拣好的买，想抽就抽。

简明英汉互译

At first Mother and I wouldn't let Father smoke. After <u>Father</u> contracted the fatal disease, <u>we</u> thought differently. <u>We would</u> just <u>let him</u> smoke, <u>and</u> <u>we would</u> buy the best cigarettes, <u>and let him</u> smoke <u>whenever</u> he liked to.

在这个例句中，汉语原文的六个小分句按照时间顺序和因果逻辑一节一节推进，虽然没有连接词，甚至没有主语，但不影响表意，属于典型的汉语意合句式。而翻译成英语，就必须要把隐身的主语和显示句间逻辑关系的连接词都补出来。

与英语不同，汉语在表达一些较复杂的思想时往往借助动词，按时间顺序、逻辑顺序，逐步交代，层层铺开。正如翻译家庄绎传所说，"汉语的句子结构好比一根竹子，一节一节地连下去"，各个"竹节"之间在形式上呈并列关系，而其内在的逻辑关系往往隐含在上下文中。因此，汉语又被称为"竹形语言"。

英汉两种语言不同的造句特点，决定了英汉互译时两种语言在形合与意合之间的转换，尤其是在翻译长难句时，译者要正确理解原文的内在逻辑关系和意思，为译文选择恰当的表达方式。

> 就句子结构而论，西洋语言是法治的，中国语言是人治的。法治的不管用得着用不着，总要呆板地求句子形式的一律；人治的用得着就用，用不着的就不用，只要能使对话人听懂说话人的意思就算了。　　　　　　　　　　——王力

第二节　英语长难句的译法

英语的长句组句比较灵活，翻译时，首先要理清原句的句法结构，找出主干（主语＋谓语）和错综交叉的枝叶（并列或修饰成分）；然后弄清句子的中心内容及各层次的意思，再分析各层意思之间的逻辑关系；最后按照汉语的语言特点和表达习惯，正确组织译文，不拘泥于原文的形式。一般来说，英语长句的译法主要有四种：顺序译法、分句译法、逆序译法、重组译法。

一、顺序译法

有些英语长句所描述的动作基本按照时间顺序展开，或其内容是按照逻辑关系安排，与汉语的表达方式相符，所以翻译时可以在原文的自然连接处（如标点符号、连词等）将句子断开，直接按照原文顺序进行。

第十三章 长难句的译法

> **举 例**

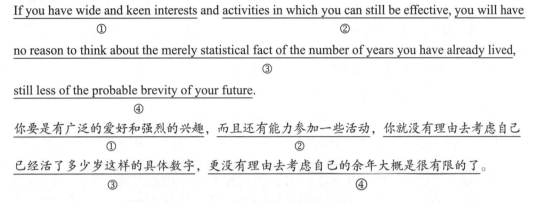

本例句是由一个 if 引导的条件状语从句,再加主句构成,其中从句和主句又各自包含了定语从句,还有介词短语作后置定语,译文整体按照原文的顺序译出。在从句的并列连接处将其断成两个短句,符合汉语的语言习惯,并用连接词"而且"体现了语义的递进;在主句中用"已经"体现了原文时态的变化,并增补了原文中省略的"没有理由去考虑",整个译文层次分明,逻辑连贯。

> **举 例**

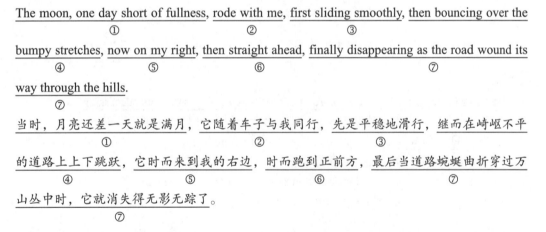

原句由简单句"The moon rode with me."作为主干,其他介词短语和分词短语作为枝叶按照动作发生的先后顺序附在主干上,译文顺着原句的语序,添加了代词"它",将各个小短句粘连在一起,再现了一幅生动的画面。

二、分句译法

分句译法又称拆句法,就是把句子中的单词、短语或从句等抽出来化为独立的句子,分开来叙述。需要拆分的句子主要有两种,一种是句子虽不长,但照译后所得的译文读起来不顺口或容易发生误解。

简明英汉互译

举 例

1. You're talking delightful nonsense.
   你虽信口胡诌，倒也蛮有情趣。
2. She is unjustly asked to do such heavy work for so little pay.
   要她干这么重的活，却给这么低的报酬，这不公平。
3. The remedy may be worse than the disease.
   医不得法，病情反而恶化。

例句1和例句2中，形容词delightful和副词unjustly看上去是修饰与其相邻的名词nonsense和动词asked，但实际上是对整个句子所陈述的内容进行评价或评述，所以在翻译的时候都从原句中拆出来，单独成句，恰当地处理了句子内部的逻辑关系。例句3如果译为"医药也许比病更糟糕"，句义比较含糊，让人费解。将名词the remedy单独译成一句话，较好地避免了硬译，也把意思表达得更加完整、清晰。

译海拾贝

Friendship and play shorten the day.
好朋友，共游玩，日子过得欢。（丰华瞻 译）

除了单词需要从原句中抽出来单独成句外，一些短语也可以采用分句译法。

举 例

1. He had a disconcerting habit of expressing contradictory ideas in rapid succession.
   他有一个令人疑虑不安的习惯：一会儿一个看法，自相矛盾，变化无常。
2. Eating and drinking, he spent all his life and left nothing behind to his widow and children.
   他吃吃喝喝过了一辈子，死后没有给妻子儿女留下分文。
3. An even-tempered man, he was nevertheless extremely angry when he heard the news.
   虽然他是一个秉性温和的人，但听了这消息也很愤怒。

例句1原文中的habit既有前置定语，又有后置的介词短语作定语，而汉语的定语一般都置于被修饰语的前面，如果都翻译成定语的话，就会使译文头重脚轻，臃肿不堪，读起来不顺口，而译文把介词短语分译成短句，用冒号引出，结构简练，表意清楚。例句2中的分词短语和例句3中的名词短语单独译为一个独立的短句，使得句子的两层关系清晰明了。

适合分句译法的另一种情况是原句结构曲折迂回，层见叠出，不拆译的话会使译文结构冗长臃肿，不符合汉语习惯。

举 例

Chief executive Caroline Slocock cited the dilemma of a working mother who had to collect a toddler from playgroup but was faced with an office culture that valued late working.

第十三章　长难句的译法

首席执行官卡罗琳·斯劳考克列举了一个就业母亲所处的尴尬境地：<u>下班时间一到，她就得去幼儿园接孩子，但她面对的办公室文化却看重晚下班的工作习惯。</u>

原文中修饰 a working mother 的后置定语从句过长，而且定语里套定语，句子结构与汉语的表达习惯无法重合，不宜译为汉语的定语。译文将两个定语从句都拆译成独立的句子，对先行词进行解释，读来从容不迫。

三、逆序译法

一般来说，汉语句子遵循事情发生的先后顺序，因果次序，次要信息前置，主要信息后置（少数情况除外）；英语复合句则往往是主要信息前置，次要信息后置。根据以上特点，在翻译时就有必要对原文语序进行全部或局部的变换。

举　例

<u>Who has not admired</u> <u>the artifices and delicate approaches</u> <u>with which women "prepare" their</u>
　　　①　　　　　　　　　　　②　　　　　　　　　　　　　　　
<u>friends for bad news?</u>
　　　　③
<u>女人把坏消息告诉朋友的时候</u>，<u>惯会用些花巧，先缓缓地露个口风</u>，那种手段，<u>没有人看</u>
　　　　　　③　　　　　　　　　　　　　　　②　　　　　　　　　　　　　　　
<u>了不佩服</u>。(《名利场》，杨必　译)
　　①

译文和原句的结构差异很大，基本是逆着原句的顺序译过来的，先译 women "prepare" their friends for bad news（女人把坏消息告诉朋友的时候）；再译 with the artifices and delicate approaches（惯会用些花巧，先缓缓地露个口风），突出女人如何费尽心思，使用小心翼翼的手段，并将其放在句前作外位成分；用"那种手段"指代前面文字中陈述的内容，引出后面的"没有人看了不佩服"，句子自然、流畅。

举　例

<u>Winking is practiced</u> by two people <u>to show a private understanding of a particular situation</u> and <u>to</u>
　　　①　　　　　　　　　　　　　　　　　　　②　　　　　　　　　　　　　
<u>exclude anyone else from the private exchange.</u>
　　　　　　　③
<u>当两个人想要表达对某特定情形的私底下的理解</u>，<u>并且不想让别人知道他们之间的交流时</u>，
　　　　　　　②　　　　　　　　　　　　　　　　　　③　　　　　　
<u>通常用眨眼来传递信息</u>。
　　①

英语是前重心句式，即句子的叙述重心在句首的主句"winking is practiced"，后面是两个不定式短语作目的状语；汉语的目的状语则一般放在句首，句子的叙述重心置于句末，译文采用了逆序译法，先叙述目的，再叙述主句，符合汉语的表达习惯。

165

四、重组译法

有些英语长句结构复杂，单独运用以上任何一种方法都难以做到层次分明、忠实通顺，这时就需要综合运用其中的几种或各种翻译法，或按照时间先后顺序，或按照逻辑顺序，顺逆结合，对全句进行综合处理，这就是重组译法，也叫综合译法。

举 例

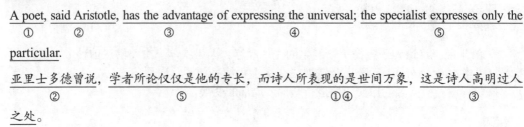

本句出自美国著名新闻人物诺曼·卡森斯（Norman Cousins）所写的《计算机与诗人》（*The Computer and the Poet*）一文，整段论述的中心是句子的主语，即诗人。与原句相比，译文有两方面的变动，一是语序作了调整，连接词"而"的运用使句子重心仍然停留在诗人，也与下句衔接更紧密；二是采用了分句译法，将 the advantage 抽出来独立成句，译为"这是诗人高明过人之处"，结构清晰，表意更准确。

举 例

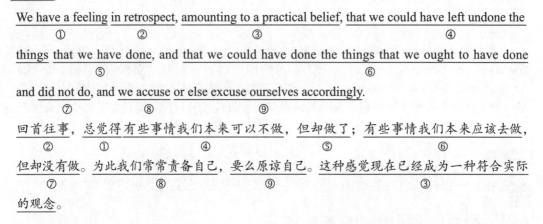

原文既有分词短语作定语，又有嵌套了定语从句的同位语，结构复杂。译文作了三方面的调整：一是用拆分的方法将 we have a feeling in retrospect 拆成两个小短语"总觉得"和"回首往事"，并调换了语序；二是把分词短语调到句末，作为一种总结，并通过重复 feeling 呼应开始提到的"总觉得"，使最后的句子结构完整；三是对句子 that we could have left undone the things that we have done 的处理，没有直译成"我们本来可以不做我们已经做过的事情"，而是用顺拆的方式将其译成两个短句"有些事情我们本来可以不做，但却做了"，既符合汉语表达习惯，又与下文相对应，整个译文条理清晰，文从句顺。

英汉翻译时对原文进行结构调整，有时似乎没有规律可循，但需要把握的最重要一点是：译文一定要符合逻辑和译入语的表达习惯。这就要求译者一定要透彻理解原文意思，在翻译过程中灵活运用多样的翻译方法，做到既突出重点，又要确切把握遣词造句的分寸，同时还要注意表达的完整性，不能漏掉信息。

第三节　汉语长难句的译法

　　汉语分句一般较短，句子结构较松散，而且断句不严格，使用标点符号没有英语那样严谨。因此，在处理汉语长句时要涉及两个方面的操作，即断句和并句，目的是使译文层次分明，意义明晰，句子结构更符合英语的表达习惯，将原文信息更好地传递给读者。

一、断句

　　汉语句子重意合，往往形成流水句。英译时，需要对汉语句群中的几个短句划分层次，分别译成英语中的两个或两个以上的句子，使译文语义更加清晰。断句时主要从以下几个方面考虑：

1. 按内容层次断句

　　汉语的长句里，一句话会包含两方面甚至多方面的情况，断句的主要依据是看汉语长句内部有几层主要意思，或者哪几个汉语短句围绕一个中心意思展开。

举　例

中华民族向来不畏艰难险阻，// 当代中国人民有战胜任何挑战的坚定意志和能力。
The Chinese nation has never been daunted in the face of difficulties or obstacles. //The Chinese people today have the ability and resolve to overcome all challenges before us.

　　该例句中原文两个分句叙述的重点分别是"中华民族"和"中国人民"，译文断成两句，每一句都简短有力，意义同等重要。

举　例

学校无法教会学生一生所需要的全部知识，// 学习伴随人的一生，知识和技能需要不断充实和更新，// 大学教育也只是为人的终身学习打下一个好的基础。
Schools cannot teach all the knowledge needed by students for the rest of their lives. //Learning is a lifelong process, and you never stop enriching and upgrading your knowledge and skills. // College education, after all, can only lay a good foundation for a person's lifelong study.

　　该例句同时包含了三方面内容：学校教育、个人学习、大学教育。如果翻译时不适当断句，译出来的意思不仅不清楚，而且句法上也容易出错。译文译成三句话，在正确表意的同时避免了结构臃肿。

简明英汉互译

举 例

加征关税提高了美国企业生产成本、抬高了美国国内物价、消耗了美国经济的增长潜力，// 美国企业、农民、消费者都已切身感受到越来越明显的压力。

Higher tariffs have raised the production cost of US companies, pushed up US consumer prices, and dampened the growth prospects of the US economy. //Businesses, farmers and consumers of the US have felt mounting pressures.

原文虽然都说的是加征关税的影响，但各有侧重，前半句说的是直接影响，后半句说的是相关人员的感受，译为并列的两句话，更清楚。

2. 在总说—分述处断句

汉语有些句子习惯于先作概述，后再具体说明，或者先详尽阐述，后作评论概括，总说与分述之间并不用句号隔开。为使译文内容层次清晰，英译时可以在总说与分述处断句。

举 例

1. 深圳的建设速度相当快，// 盖房子几天就是一层，一幢大楼没有多少天就盖起来了。

   The pace of construction in Shenzhen is rapid. //It doesn't take long to erect a tall building; the workers complete a storey in a couple of days.

2. 中国人过节，吃是主要内容，// 为了显示过节的气氛和水平，少说也要搞它十菜八肴的。

   Festival celebration for us Chinese chiefly consists in eating. //To help create the festival atmosphere and show off the level of the festivals, at least a score of meat and vegetable dishes should be laid out.

以上两个例句都是先总体概括，后面再论述比较具体的细节。

举 例

各高校应当面向现代化、面向世界、面向未来，根据自己的优势和特点，找准自己的定位，办出各自的特色，// 免得走弯路。

Our universities must be geared to the modernization drive, the world and the future; in the light of their own strengths and character, they must know their own identities, and work to turn themselves into distinct institutions. //Only then can they avoid setbacks.

该例句是一个典型的"分述—总说"结构，先阐述一些具体情况，再做一简短的表态。原文的一句话译成两句，前面一句较长，后面一句较短，甚至很短，最后一句表态的话显得特别有分量。

3. 在语气转折处断句

举 例

1. 人类只有肤色语言之别，文明只有姹紫嫣红之别，// 但绝无高低优劣之分。

   Civilizations only vary as the same way human beings differ in skin color and language they use. //No civilization is superior to others.

2. 我们积极学习借鉴人类文明的一切有益成果，欢迎一切有益的建议和善意的批评，//但我们绝不接受"教师爷"般颐指气使的说教！（习近平总书记在庆祝中国共产党成立100周年大会上的讲话）

We are eager to learn what lessons we can from the achievements of other cultures, and welcome helpful suggestions and constructive criticism. //We will not, however, accept sanctimonious preaching from those who feel they have the right to lecture us.

以上两个例句的译文都是在转折处断句，使得转折后的句子表态坚决，重点突出。

二、并句

汉译英时，汉语的分句、短句可以处理成英语的一个简单句或复合句，这就是并句。并句的关键是把在形式上呈并列关系的几个汉语主谓短句分清主次，将主要意思译成英语的主要成分（主句或谓语动词），次要意思译成英语句子的次要成分（从句或短语）。另外，有些短句之间即使有句号隔开，但如果在语义上联系紧密，也可以并成一句。

1. 运用连词合并句子

汉语句子注重意合，句间较少使用连接词，但是翻译成英语时，添加必要的连接词才符合英语的构句规范。

举例

新时代的中国青年要以实现中华民族伟大复兴为己任，增强做中国人的志气、骨气、底气，不负时代，不负韶华，不负党和人民的殷切期望！
In the new era, our young people should make it their mission to contribute to national rejuvenation and aspire to become more proud, confident, and assured in their identity as Chinese people so that they can live up to the promise of their youth and the expectations of our times, our Party, and our people.

译文添加了并列连词 and 和从属连词 so that，明示了原文短句之间的关系。

举例

新冠肺炎疫情仍在全球蔓延，国际形势中不稳定不确定因素增多，世界经济形势复杂严峻。
As the coronavirus continues to spread around the world, instability and uncertainty are mounting on the international landscape, and the global economy continues to face grave challenge.

原文有三个小句子，形式松散，译文根据逻辑关系先将句子分层。第一个小分句用 as 引导，说明背景；第二个和第三个小分句是在此背景下存在的结果，二者是并列的，需要添加并列连词 and 以彰显其关系。

2. 运用短语结构合并句子

汉语意合的小分句，可以使用英语中的各种短语结构，如介词短语、名词短语、分词短语、不定式、独立主格结构等，粘连成符合英语形合特点的长句。

简明英汉互译

> **举 例**

1. 每星期天一早，从七点开始，（广州的）人们就起身上馆子，边喝茶，边吃早饭，边和朋友聊天了。
   Early on Sunday mornings, people in Guangzhou are up since 7 o'clock and are already chatting with friends while sipping tea and having breakfast in various restaurants.
2. 紫禁城是公元1420年永乐皇帝下诏建造的，2020年，正是故宫的600岁生日。
   Built by the Emperor Yongle in 1420, the Forbidden City celebrated its 600th anniversary in 2020.

　　例句1是一个连动句，即一个主语发出了一连串动作。译文选取了主要动作"起身"和"聊天"作句子谓语，其他动作译成了分词短语作伴随状语，并用while连接，这一连串的动作安排有主有次，凸显了广州人吃早茶的这一重要社交方式，呈现出一幅悠然自得的广州人吃早茶的风俗画。例句2原文两个分句，主语都是"故宫"，译文以the Forbidden City作主语，连接起这两个小句子，因为重点是600岁生日，所以将背景1420年放在从属地位，用过去分词短语作状语，句子结构紧凑简练。

> **举 例**

1. 十世纪时，洛阳古城成为牡丹栽培中心，而且这一地位一直保持到今天。
   In the tenth century, the ancient city of Luoyang became the center for peony cultivation, a position it still holds today.
2. 青海湖位于跨越亚洲的几条候鸟迁徙路线的交叉处。许多鸟类把青海湖作为迁徙过程中的暂息地。
   Located at the crossroads of several bird migration routes across Asia, Qinghai Lake offers many species an intermediate stop during their migration.

　　例句1将最后一个短句处理成名词短语作同位语，避免了同一个句子内部主语的转换，保证"洛阳古城"话题中心位置，而且同位语内部又包含一个省略了关系词的定语从句，用it来指代"洛阳古城"，避免了重复。例句2原文的两部分虽然用句号隔开了，但是不宜断成两句话翻译，因为它们之间有隐含的因果关系。译文选择"青海湖"作为主语，将第一句话处理成表示原因状语的过去分词短语，然后用有灵动词offer引出主干，说明青海湖的功能，句子结构更加紧凑，表达更简洁。

3. 运用关系词合并句子

　　关系词的大量使用是英语长句层见叠出的重要原因之一。汉译英时可以借助关系词来合并句子，将原本松散的短句根据需要选择合适的关系词有机结合，使译文符合英语的形合特点。

> **举 例**

1. 唐代时期，牡丹在皇家园林普遍种植并被誉为国花，因而特别风行。
   Peonies were particularly popular during the Tang Dynasty, when they were extensively cultivated in the imperial gardens and praised as the national flower.
2. 故宫是世界上规模最大、保存最完整的古代宫殿建筑群，藏有世界上最多的中国文物藏

第十三章 长难句的译法

品；故宫还叫作故宫博物院，是世界上观众来访量最多的博物馆。

The Forbidden City, the largest and best-preserved ancient palace complex, is home to the vastest collection of Chinese cultural relics in the world. It is also called the Palace Museum, <u>which</u> is the most visited museum in the world.

例句1利用关系副词 when 引导表时间的定语从句，将背景信息放在从属位置，突出了主要信息"牡丹特别风行"，很好地处理了主从关系。例句2原文很长，但是译文用同位语简化了句子结构，一个简单句包含了第一部分的全部内容。第二部分的两个分句在形式上是并列的，但实际上第二个分句是对"故宫博物院"的一种信息补充，将其处理成非限制性定语从句把这种结构关系完好地体现出来了。另外，译文还根据内容层次将原文断成了两句话，并用代词 it 避免了重复。所有这些翻译手段都很好地体现了英语重形合的特点。

总之，汉译英时的断句与并句没有一定固守的规矩，关键是要推敲原文意义的层次，分析意群的分合等。汉译英过程中，要超越句界的限制，适时进行断句与并句，使译文语义更加清晰，句式结构更符合英语的造句规范，从而更易于被读者理解。

练 习 题

一、改善译文

1. And there have been many men who have sacrificed their careers for women—sometimes, like Antony or Parnell, very disastrously.

   原译：当然，有不少男性为了女人而牺牲自己的事业——有时候，例如，安东尼或帕内尔，这种牺牲是灾难性的。

   改译：_____

2. The big problem of comprehension of the English text and the bigger problem of how to express it in rich, present-day Chinese which ranges from the classical to the colloquial both have to be solved in the course of translation.

   原译：理解英语原文这个大问题和如何用包含文言文和口语的丰富的现代汉语来表述它这个更大的问题，是翻译过程必须要解决的。

   改译：_____

3. At least six people were killed and eight others injured in a six-car pileup as a result of a head-on collision between a delivery lorry and a sports car driving on the wrong side of the road.

   原译：在一次六辆车连环追尾事故中至少有6人死亡，8人受伤，这一事故是由一辆卡车和一辆误道行驶的赛车正面相撞造成的。

   改译：_____

4. So be sure not to have sleepless nights thinking because you have smoked a few or even a great number of cigarettes in your time, you are bound to get this illness, because that certainly is not true.

简明英汉互译

原译：因此，不要睡不着觉，因为自己抽过烟或抽得很多就担心自己会染上这种疾病。因为这种担心并不是真的。

改译：_____

5. Learning to read is made easier when teachers create an environment where children are given the opportunity to solve the problem of learning to read by reading.

原译：学会阅读变得越来越容易了，尤其是当老师创造出一个学生可以在其中得到机会去通过学会阅读来解决学习问题的环境的时候。

改译：_____

二、句子翻译

1. Happiness is a butterfly, which, when pursued, is always just beyond your grasp, but which, if you will sit down quietly, may alight upon you.
2. His youthful indifference to studies and his unwillingness to think of a non-sports career caught up with him.
3. It is a rare doctor who has not been frustrated at three in the morning when faced with an unconscious patient and an empty, unlabeled bottle.
4. What should doctors say, for example, to a 46-year-old man coming in for a routine physical check-up just before going on vacation with his family who, though he feels in perfect health, is found to have a form of cancer that will cause him to die within six months?
5. 我过去学过一些西班牙语，但现在都忘了，都还给老师了。
6. 一个母亲带孩子到百货商店。经过玩具部，看见一匹木马，孩子一跃而上，前摇后摆，踌躇满志，再也不肯下来。
7. 老人和孩子来自两个不同的时代，走着不同的路，过着不同的生活，怀着两种不同的心态。
8. 在华南，春天和初夏是多雨季节，有许多日子会见到倾盆大雨，或者是跟随着台风而来的暴雨。

三、段落翻译

桂林是中国最美丽的城市。整个桂林城就在青山绿水的怀抱之中，清澈的漓江静静地从桂林流过，江水中倒映出两岸秀丽的山峰。桂林城里有许多像大树一样的石峰，石峰之间是一片片像镜子一样的小湖。有的石峰下还有洞穴，洞穴里有美丽的钟乳石（stalactite），有弯弯的小河流。大自然的风光把桂林打扮得非常漂亮。几乎所有到中国旅游的人，都会去看一看如诗如画的桂林。

第十四章

段落的译法

你知道
◆ 什么是衔接、什么是连贯吗?
◆ 英语有哪几种衔接手段吗?
◆ 大学英语四、六级翻译部分的考核技能有哪些吗?

第一节 语篇衔接

著名语言学家韩礼德（Halliday）和哈桑（Hason）在其二人合著的《英语中的衔接》（*Cohesion in English*）一书中将衔接定义为"存在于篇章内部，使之成为语篇的内在关系"。他们将英语篇章的衔接手段（cohesive device）分为五种，即连接词（conjunction）、照应（reference）、替代（substitution）、省略（ellipsis）和词汇连接（lexical cohesion）。由于英语重形合，所以英语里多用显性衔接手段构篇；汉语重意合，所以少用衔接手段，而是靠意义的内在联系构成语篇。在翻译时，要能识别原文中的衔接手段，并以合适的方式呈现在译文中。

一、语篇中连接词的对比及翻译策略

连接词是使用最为普遍的衔接手段之一。从英汉语言对比来看，英语使用较多的连接词；汉语则较少使用连接词，汉语中很多逻辑关系是通过词句间的意义来表达的。因此，在英译汉时，汉语译文应酌情省略或者改变英语原文中的连接词，用意合方式来再现原文中的语义关系；在汉译英时，则需要将隐藏在字里行间的连接词翻译出来。

举 例

After ending his seafaring career, Melville read voraciously. In 1847, he married Elizabeth Shaw and moved first to New York and then the Berkshires.

结束了海上生涯，梅尔维尔开始贪婪地阅读。1847年，他娶了伊丽莎白·肖为妻，之后先是搬往伦敦然后又去了伯克郡。

此例句中，英语原文中使用了after、and、and then这些连接词和短语，将一连串的事件有机地结合了起来。在译为汉语时，after省略未译出，and 和 and then 未按照原文的连接词义直译，而是按照汉语的表达习惯，转换成了"之后……""然后……"这两个表达时间先后顺序的词组。如此，同样体现出了将若干事件前后相继地连接起来的语义关系。

举 例

茶拥有5000年的历史。传说，神农氏（Shen Nong）喝开水时，几片野树叶子落进壶里，开水顿时散发出宜人的香味。他喝了几口，觉得很提神。茶就这样被发现了。

Tea enjoys a history of five thousand years. Legend has it that when Shen Nong was drinking boiled water one day, a few leaves from some wild bushes fell into his kettle, giving the water inside a wonderful aroma immediately. After a few sips of the aromatic water, Shen Nong felt substantially refreshed, and that's exactly how tea was discovered.

此例句中，汉语原文中只有一个"时"字明显地表现出了事件之间的时间关系，其余事件间的逻辑关系，都是隐含在词句之间的。此译文在翻译最后两句话时，加入了连接词

after 和 and，将这两句话合并为一句，在显化了连接词的同时，使英语译文分句间衔接更紧密。

二、语篇照应的对比及翻译策略

语篇中的照应主要分为人称照应、指示照应和比较照应。人称照应在英语中主要是借助人称代词来呈现的，而汉语使用人称代词的频率较低。指示照应在英语中指运用 the、this、that、these、those、here、there 等词语构成照应关系。一般情况下，英语中的这些冠词或指示词和汉语中的"这""那""这些""那些"等指示代词对应。比较照应指的是通过形容词或副词的比较级或其他一些有比较意义的词语所表示的照应关系。

在段落翻译时，译者要充分认识到英汉两种语言在照应方面的不同，特别是在代词的使用上，英语表现得较为明显，而汉语的照应往往隐含在字里行间。英译汉时，定冠词基本不译出，代词有时需要采用汉语中其他的方式来表达；汉译英时，则常常使用增译法将语篇照应部分显现出来。

举 例

Proverbs are heirlooms, treasured and passed on from generation to generation. We assume these pithy phrases sum up timeless wisdom. But are the truisms really true? Psychologists have found they're pretty hit-or-miss. Still, they persist. After all, you know what they say: old habits—and old sayings—die hard.

谚语是前人传下来的宝贵财富，受人珍视并世代相传。我们认为那些精练的语言概括了永恒的智慧，不过它们是否全是货真价实、字字珠玑呢？心理学家发现谚语有的说得对，有的就不对。然而，谚语中包含的道理却被广为接受。说到底，还是谚语里那句老话：老习惯难除——老谚语还不是一样。

英语原文围绕 proverbs 展开陈述，后面多次使用代词来指代 proverbs。在译为汉语时，每个代词都未采用直译法。代词 these 译为"那些"，这是由于此处译为远指代词"那些"比译为近指代词"这些"更具客观性，也更符合汉语语言习惯。the truisms 这个词语在原文中指的并不是一般意义的真理，而是作为上文 timeless wisdom 的近义词出现，是使用了词汇衔接的方法来连接前后两句（词汇衔接见本节第五点），若直译为"此真理"必然会产生歧义，因而用人称代词"它们"来连接这两句。接下来，三个代词 they 都译为名词或名词短语，其中两个直接用"谚语"来翻译，来强调此段文章的话题是"谚语"。

举 例

荷花具有多种功能，既能绿化水面，又能美化庭院，还可净化水质、减少污染、改善环境。荷花迎骄阳而不惧，出淤泥而不染，象征纯洁、高雅，常常用来比喻人的高尚品德，历来是诗人画家创作的重要题材。

Lotus has multiple functions. It can not only make water surface green and beautify courtyards but also purify water, reduce pollution and improve environment. Due to its characters of not fearing the blazing sun and keeping clean in the dirty soil, lotus symbolizes purity and elegance. It is often used to represent people's noble virtues so that it has become significant themes for poets and painters throughout the Chinese history.

汉语原文中，"荷花"只出现了两次，作为两句话的主语，句中并不需要任何人称代词来指代荷花，汉语读者就可清晰了解原文的指代关系，这就是汉语靠上下文内在逻辑进行衔接的语言特点。译为英语时，切分为四个句子，每个句子中加入代词 it 或者 its 来指代 lotus，使英语译文流畅连贯。

三、语篇替代的对比及翻译策略

替代指用较简单的语言形式替代上文中的某些词语，可以避免重复，使行文简练流畅。替代通常有三类：名词性替代（如英语中的 one、ones 以及 the same 等）；动词性替代（如英语中的 do 以及 do 的各种形式）；分句替代（如英语中的 so 和 not）。英语中替代使用更为频繁，而在汉语中较少使用替代来进行衔接。

在英译汉中，英语的替代衔接，特别是动词性替代，常常通过重复汉语的相对应词汇来翻译；在汉译英中，汉语的一些重复性表达可以译为英语的替代衔接。

举 例

Venture capitalists generally do not run companies; managements <u>do</u>. Thus, the success of any venture capital investment is dependent, in large part, on the strength of the related management team.

风险资本家一般不管理公司，是管理人员来<u>管理公司</u>。因而，任何风险资本投资要取得成功，在很大程度上都有赖于相关管理团队的实力。

英语原文中使用了动词性替代词 do 替代了 run companies，避免了重复。在译为汉语时，需要将 run companies（管理公司）翻译出来才符合汉语的表达习惯。

举 例

因此世界上有大<u>诗人</u>，同时也就有蹩脚<u>诗人</u>，有伟大<u>革命家</u>，同时也有虚伪<u>革命家</u>。至于两种人目的不同，择业不同，那就更容易一目了然了。（沈从文，《时间》）

That's why the world has seen great poets and lousy <u>ones</u>, and great revolutionaries and sham <u>ones</u>. It goes without saying that people with different goals in mind and taking different paths would leave entirely different footprints behind.（蔡力坚 译）

原文中"诗人"和"革命家"分别重复出现了两次，第二次出现的这两个名词用名词性替代译为 ones，这样符合英语的表达习惯。

四、语篇省略的对比及翻译策略

省略是指省去语言结构中的某个成分，使表达简练、紧凑和清晰。省略有三类：名词性省略、动词性省略和分句性省略。在英汉互译中，由于名词性省略和分句性省略在英汉两种语言中的功用常常是一致的，因而在很多情况下可以直接互译。但英语中的动词性省略（有时会出现动词和名词一起省略），在译为汉语时，需要补充省略掉的动词和名词，其补充的方式通常是通过对这些词汇进行重复，来增强语气或者使行文整齐有序。在汉译英中，汉语中的某些重复部分，除了上面第三点提到的可译为英语的替代衔接之外，也可以省略不译。

举 例

Histories make men wise; poems witty; the mathematics subtle; natural philosophy deep; moral grave; logic and rhetoric able to contend.（培根，《论学习》）
读史使人明智；读诗使人灵秀；数学使人周密；科学使人深刻；伦理学使人庄重；逻辑学使人善辩。（王佐良 译）

原文中使用了动词性省略，省略后句子简练、紧凑。译为汉语时，基于汉语的使用习惯，省掉的动词需要加以补充。此译文中"使人"二字的重复使译文形成工整的排比句，读起来朗朗上口。

举 例

我等着要上路，越等越不耐烦；哪里是等一会儿，一等就是老半天。
I waited with growing impatience to get on my way, not for one minute but for quite a considerable time.

原文中"等"字出现了四次，体现了汉语常用重复来进行衔接的特点。译为英语时，只译出第一个"等"字作为句子的谓语动词，其他都省略不译。如果将重复动词都直译出来，势必会让英语读者感到啰唆冗长。

五、语篇词汇衔接的对比及翻译策略

词汇衔接是指通过词的同义、反义、上下义（两个词汇的语义是包含和被包含的关系，如 furniture 和 chair）及搭配等关系实现语义连贯。此种衔接手段是依托词汇的意义来呈现的，因此，在英汉互译时，要根据各自语言的习惯来进行添加、省略或调整。

举 例

The United States and the Soviet Union have spared no expense to ensure that the other side cannot contemplate a first strike... The Russians have deployed land-based missiles that trundle about the country on trucks and railroad cars making it virtually impossible to locate all of them at the same time.
美国和苏联都不惜任何代价确保对方不首先发动袭击。苏联已经开始将陆地导弹用卡车或火车运到全国各地，使得对方不可能同时找到所有的目标。

原文中的 the Soviet Union 和 the Russians 属于广义同义词，而 the country 则是它们的上义词，三者指的都是"苏联"，因此应该按照汉语的习惯还原，而不能机械地将 the Russians 和 the country 译为"俄国人"和"此国家"。

举 例

对改革开放，一开始就有不同的意见，这是正常的。不只是经济特区的问题，更大的问题是农村改革，搞农村家庭联产承包，废除人民公社制度。开始的时候只有三分之一的

简明英汉互译

省干起来，第二年超过了三分之二，第三年才差不多全部跟上，这是就全国范围讲的。(《邓小平文选》第三卷）

In the beginning opinions were divided about the reform and the open policy. That was normal. The difference was not only over the special economic zones but also over the bigger issues, such as the rural reform that introduced the household contract responsibility system that linked remuneration to output and abolished the system of people's communes. Initially, in the country as a whole, only one third of the provinces launched the reform. By the second year, however, the figure went up to more than two-third, and the third year almost every province joined in.

原文第一句与第二句之间没有明显的衔接，但由于第二句是无主语句，需要添加主语，如果只是添加一个代词 it 作为主语，就会出现指代不明。此英语译文第三句添加主语 the difference，就与前面 divided 形成了近义词复现的衔接关系，这样翻译使译文前后连贯，符合英语语言的特点。原文第三句中的"干起来"从字面上看并没有明确到底是干什么，如果直译为 start to work 会使译文读者摸不着头脑，而原文读者根据上下文自然就会理解为"开始改革"，为了使英语译文句子之间形成同样的衔接关系，必须译出隐含的 reform。

 第二节　语篇连贯

连贯也是构建语篇的重要标准。它是指语篇中的语义关联，存在于语篇的底层，通过逻辑推理来达到语义的连接。衔接与连贯有着密不可分的关系。一个好的语义连贯的语篇一定是衔接得很好的，但反过来就不一定成立。也就是说，语义连贯的关键是语言底层的逻辑思维。衔接有明显的词汇或语法标记，而连贯就没有特定的语法标记，因而在翻译中更难以察觉语篇连贯的问题。

举 例

Discipline means choices. Every time you say yes to a goal or objective, you say no to many more. Every prize has its price. The prize is the yes; the price is the no.

译文 1：纪律意味着选择。每当你对一个目标或目的表示同意，你实际是对好多目标表示了不同意。任何奖励都有代价。奖励是你同意的；代价是你不同意的。

译文 2：自律就意味着有取有舍。每当你选取了一个目标，也就同时舍弃了其他许多目标。每项成绩的获得都要付出代价。成绩来自你的所取，代价就是你的所舍。

译文 1 是逐词逐句、亦步亦趋的刻板翻译。从语篇层次来看，此译文缺少连贯性，尤其是"奖励是你同意的；代价是你不同意的。"这一句话会使译文读者产生理解上的障碍。原文句群的逻辑性是很强的，按照"choice—yes—no—yes—no"的顺序展开，逻辑层次十分清晰，因而译文也应该力求再现这样的逻辑性。译文 2 围绕"取、舍"阐发主题，形成了"有取有舍—选取—舍弃—所取—所舍"一系列明晰的逻辑推进层次，在语篇连贯上达到了和原文句群异曲同工的效果。

178

第十四章 段落的译法

在进行段落翻译时，解决连贯问题并无定法，要根据段落的情况以及英汉语言各自的表达习惯来进行灵活处理。以下介绍三种常用的手段，有助于使译文符合译入语读者的逻辑及语言习惯。

一、改换主语

为了使句子按译入语的语言逻辑连接成篇，或者为了上下文衔接紧密，有时译者需要在翻译时改换原文主语。

举 例

The newcomer was an old classmate who had been my colleague when I was a teacher, and although he had changed a great deal I knew him at a glance. Only he had become very slow in his movements, quite unlike the spry dynamic Stevenson of the old days.

译文 1：新来的是一位老同学，我当老师时他是我的同事，尽管他改变了很多，我一眼就认出了他。只是他变得非常缓慢，这与过去活跃的史蒂文森大不相同。

译文 2：刚来的这个人分明是我以前的同窗，也是我教书时的同事，他的模样虽然改变了不少，但我一眼还是认出来了。只是他的举止变得特别缓慢，与当年那个精悍敏捷的史蒂文森判若两人。

在第六章已详细阐述过英语为主语显著型语言，英语段落的描述对象常常是句子的主语。本段原文中的 the newcomer 也就是 Stevenson 是本段的主题，因而原文中主语多次使用 he 指代此人，来保持语篇的衔接与连贯。但汉语的主语灵活多变，因而在英译汉时，无须像译文 1 一样按照原文的主语直译。译文 2 适当地改变主语，将"他"分别译为"他的模样""他的举止"，这样更符合汉语语言习惯，也更加通顺连贯。

举 例

志愿者自发来到医院，为伤者寻找亲人，为亲人寻找伤者。由于伤员太多，通讯不畅，谁也找不到谁。

译文 1：Volunteers spontaneously came to the hospital to find relatives for the injured. Due to the large number of the wounded and poor communication, no one can find anyone.

译文 2：Volunteers were present at the hospital, offering to look for family members of quake victims. The chaos caused by the calamity and the disruption of communications meant that many had been out of touch with loved ones for days.

此段文字选自一篇地震灾后援救的新闻稿。由于新闻文稿具有精炼的特点，在进行翻译时可以略去冗余或重复的内容，因而，该例句中"为亲人寻找伤者"没有译出。原文中"谁也找不到谁"指的是前文中互相寻找的"伤者"和"亲人"，译文 1 直译为 no one can find anyone，指代不明确。译文 2 将主语"谁"译为 many，宾语"谁"译为 loved ones，解决了指代不明的问题。同时，译文 2 将原文中"伤员过多""通讯不畅"两个主谓短语转换为静态的抽象名词短语 the chaos caused by the calamity 和 the disruption of communication，并将这两个短语作为第二句话的主语，此处使用抽象名词作主语体现了

179

简明英汉互译

第四章已阐述过的英语的静态倾向。经过以上主语的改变,译文 2 有效地传递了原文信息,指代清晰,逻辑通顺。

二、增补内容

翻译最基本的目的是传递原文的信息,因而译者要在最大程度上保证原文内容的完整。很多情况下,为了补充逐字翻译的译文所缺失的底层逻辑或文化背景,同时为了译文段落语义连贯,需要加入原文中没有的词语或成分。

举 例

Sept. 11 delivered both a shock and a surprise—the attack, and our response to it—and we can argue forever over which mattered more.
译文 1:"9·11 事件"同时有震撼也有讶异——攻击本身和我们的反应——至于哪一项比较关系重大,恐怕永远也争论不完。
译文 2:"9·11 事件"既令人感到震惊,也令人感到意外。震惊的是攻击事件本身,意外的是我们对事件的反应。至于说这两者哪个更为重要,人们也许永远会争论下去。

译文 1 按照原文亦步亦趋、就词论词地翻译,篇章表意不明确且语义不连贯。译文 2 通过增加"震惊的是""意外的是",使原文语义得到连贯的表达,因而行文流畅。

举 例

In April, there was the "ping" heard around the world. In July, the ping "ponged".
译文 1:在四月全世界听到了"乒"地一声,在七月乒"乓"了。
译文 2:四月里,全世界听到中国"乒"地一声把球打了出去,到了七月,美国"乓"地一声把球打了回来。

该例句讲的是中美之间的"乒乓外交"。译文 1 读后不知所云,其原因是缺少了背景解释。在翻译时,译者有时需要将字里行间隐含的背景信息凸显出来,这样才能真正表达原文的含义。译文 2 补充了相关信息,语义就连贯了。

举 例

中国是世界第二大经济体,有 13 亿多人口的大市场,有 960 多万平方公里的国土,中国经济是一片大海,而不是一个小池塘。大海有风平浪静之时,也有风狂雨骤之时。没有风狂雨骤,那就不是大海了。狂风骤雨可以掀翻小池塘,但不能掀翻大海。经历了五千多年的艰难困苦,中国依旧在这儿!面向未来,中国将永远在这儿!(习近平总书记在首届中国国际进口博览会开幕式上的主旨演讲)

China is the world's second largest economy. We have a market of more than 1.3 billion consumers who live on the land of over 9.6 million square kilometers. To use a metaphor, the Chinese economy is not a pond, but an ocean. The ocean may have its calm days, but big winds and storms are only to be expected. Without them, the ocean wouldn't be what it is. Big winds and storms may upset a pond, but never an ocean. Having experienced numerous winds and storms, the ocean will still be there! It is the same for China. After going through 5000 years of trials and tribulations, China is still here! Looking ahead, China will always be here to stay!

如果将此例句照原文直译，主语会多次发生转换，会使英文读者觉得译文不太连贯。因此，在翻译时，在类比部分之前加入了 to use a metaphor，提示类比的出现，这样主语从 China 转变为 the ocean 就很容易理解；在类比部分要结束时加入 "Having experienced numerous winds and storms, the ocean will still be there! It is the same for China."，又再次引回主语 China，这样就和后文紧密连接起来。

三、调整顺序

由于英汉两种语言的种种差异，比如，英语重形合，而汉语重意合；英语句子常为"前重心"，而汉语句子为"后重心"等；在信息排列顺序上，英汉两种语言会出现很多不同。在段落中，这种信息排列顺序的差异常表现在对事件的逻辑推演顺序以及事件叙述的时间顺序上。英汉互译时，需要根据译入语的语言特点重构信息排列顺序，使其推进方式符合译入语的习惯。

1. 逻辑推演顺序

英语的语句及段落的重心一般都位于句首或段首，开宗明义，重点突出；汉语的语句及段落的重心则常置于句末或段末，前因后果，先铺陈后总结。因而，在英汉互译时，要根据译入语的逻辑推演习惯，调整句子顺序。英译汉时，常将主题句放在段落最后；汉译英时，则将主题句提前置于段首。

举 例

At present scientists around the world are trying to harness this energy by a process similar to one that occurs on the surface of the sun. This is called continuous thermonuclear fusion and involves causing hydrogen atoms to rush together and release large amounts of energy.

译文 1：世界各国的科学家，正在试图利用这种类似在太阳表面所发生的过程产生的能量。这一过程叫连续热核聚变，它促使氢原子撞击在一起并释放出巨大能量。

译文 2：太阳表面发生着一种连续性的热核聚变过程。这个过程使氢原子相互撞击并释放出大量的热能。目前，世界各国的科学家，正在试图利用这种能源。

译文 1 按原文顺序译出，逻辑混乱。译文 2 先解释现象，再陈述科学家目前做的尝试，这种先分析后综合的结构是比较典型的汉语逻辑推演顺序，因此，译文 2 逻辑通顺，语篇连贯，汉语读者容易理解。

举 例

在四川西部，有一美妙去处。它背依岷山主峰雪宝顶，树木苍翠，花香袭人，鸟声婉转，流水潺潺。它就是松潘县的黄龙。

译文 1: In the west of Sichuan, there is a wonderful place. Leaning on Xuebao, the main peak of the Minshan Mountain, it has green forests, fragrant flowers, bubbling streams and songbirds. It is Huanglong in Song Pan County.

简明英汉互译

译文 2: One of western Sichuan's fine spots is Huanglong, which lies in Song Pan County just beneath Xuebao, the main peak of the Minshan Mountain. It has lush green forests filled with fragrant flowers, bubbling streams and songbirds.

原文为景物描写类段落，采用了汉语中典型的先分析后综合的叙述手法。译文 1 按照同样的叙述结构译为英语，给人的感觉是主题不清晰，不符合英语开门见山、先总述后分析的逻辑习惯。译文 2 将原文最后一句话提前，放在译文首句，同时合并原文第一句及第二句的前半部分一起译出，接下来再描写景色。这样的语序调整使译文更加连贯，也符合英语的思维习惯。

2. 时间顺序

在对一系列事件进行描述时，英语是按照逻辑性原则排列，不一定与事件发生的自然时间顺序相同；汉语基本上是依时间顺序进行事件的描述。因此，在英译汉时，需要按照时间顺序，进行句子重组；在汉译英时，注意不要一味直译，要敢于打破自然的时间顺序，按照英语的语言逻辑和习惯重构句子。

举 例

Mr. Bennet was among the earliest of those who waited on Mr. Bingley. He had always intended to visit him, though to the last always assuring his wife that he should not go; and till the evening after the visit was paid, she had no knowledge of it.（《傲慢与偏见》）
译文 1：班纳特先生是最早拜访彬格莱先生的人之一。他一直打算去看望他，但他始终向妻子保证他不去。直到探望的那天晚上，她才知道这件事。
译文 2：班纳特先生尽管在自己太太面前自始至终都说是不想去拜访彬格莱先生，事实上一直都打算去拜访他，而且还是跟第一批人一起去拜访他的。等到他去拜访过以后，当天晚上太太才知道实情。（王科一　译）

译文 1 基本上是直译，翻译腔很明显且表达稍显混乱，影响译文读者的理解。译文 2 对原句的时间顺序做了调整，按照自然的时间顺序安排事件，这样更符合汉语的表达顺序，语义也更为连贯。

举 例

青年摄影家侯艺兵历经三年寻踪采访了 1980 年以前当选的 291 位院士，为他们留影写真；同时，征集院士亲笔题写的他们所喜欢的一句或一段人生格言，汇编成这本大型肖像、手迹画册献给读者，做了一件很有意义的工作。
译文 1: Hou Yibing, a young photographer, interviewed 291 Academicians elected before 1980. After three years of pursuit, he took pictures of them. At the same time, he collected a favorite sentence or a paragraph as their life mottoes inscribed by each Academician and compiled them into this large portrait and handwriting album for readers. By doing so, he has done a very meaningful work.
译文 2: Now Mr. Hou Yibing has done something truly significant. As a young photographer, he worked on his large album for three years, during which he interviewed 291 Academicians elected before 1980, taking their photographs and collecting their autographs—a sentence or a paragraph they regard as their mottoes.

译文1基本按照汉语的语序直接翻译，一连串事件接连出现，逻辑性不强，重心不明确，表达比较混乱。译文2调整了事件的顺序，把原文最后一句放在句首，首先突出此段落的重心，而后再进行细节描述，符合英语使用者先综合后分析的表达习惯。

综上所述，上一节和本节分别阐述了语篇的衔接和连贯的问题及常见的翻译策略。衔接和连贯是在组句成篇的过程中不可缺少的两个方面。衔接主要指语言表层的特点，即词汇使用和语法结构；连贯的着眼点在于语篇内在的逻辑层次。由于逻辑上的连贯也要借助词汇及语法手段实现，因此这两者在行文中是相辅相成、不可分割的。衔接和连贯不是孤立的文本现象，而是在实际交际活动中确立的且与交际目的、场合、对象等密切相关的信息传递手段。因此，在段落翻译中，译者不能就词论词、就句论句，而应该在理解原文的语言逻辑和思维模式的基础上，按照译入语的语法、文化及思维方式来构建译文。

 ## 第三节　段落翻译实践

一、大学英语四、六级段落翻译的要求及考核技能

《全国大学英语四、六级考试大纲》对四级翻译和六级翻译部分分别有如下要求：

四级翻译部分考核要求：要求考生能将题材熟悉、语言难度较低的汉语段落译成英语。段落内容涉及中国的文化、历史及社会发展。译文基本准确地表达原文的意思。语句通顺，句式和用词较为恰当。能运用基本的翻译策略。能在半小时内将长度为140~160个汉字的段落译成英语。

六级翻译部分考核要求：要求考生能将题材熟悉、语言难度中等的汉语段落译成英语。段落的内容涉及中国的文化、历史及社会发展。译文基本准确地表达原文的意思，语言流畅，句式运用恰当、用词贴切。能较好地运用翻译策略。能在半小时内将长度为180~200个汉字的段落译成英语。

四、六级翻译部分考核学生运用恰当的翻译策略和语言知识将主题熟悉、内容浅显、意思完整的汉语段落用英语表达出来的能力。翻译部分考核的技能如下：

1）将句子层面的汉语信息转换成英语
- 用合适的英语词汇准确表达汉语词汇的意思
- 用符合英语规范和表达习惯的句型准确表达汉语句子的含义

2）将语篇层面的汉语信息转换成英语
- 用英语准确、完整地表达汉语段落的信息
- 译文结构清晰，语篇连贯，语言通顺

3）运用翻译策略
- 运用合适的翻译策略帮助表达

简明英汉互译

译家之言

至于试译作为练习，鄙意最好选个人最喜欢之中短篇着手。……中短篇篇幅不多，可于短时期内结束，为衡量成绩亦有方便。事先熟读原著，不厌其详，尤为要著。任何作品，不精读四五遍决不动笔，是为译事基本法门。 ——傅雷

二、大学英语四、六级段落翻译实例

以一篇六级翻译试题为例，简析在翻译练习中需要注意的要点。

举 例

《西游记》（Journey to the West）也许是中国文学四大经典小说中最具影响力的一部，当然也是在国外最广为人知的一部小说。这部小说描绘了著名僧侣玄奘（Hsuan-tsang）在三个随从的陪同下穿越中国西部地区前往印度取经（Buddhist scripture）的艰难历程。虽然故事的主题基于佛教，但这部小说采用了大量中国民间故事和神话的素材，创造了各种栩栩如生的人物和动物形象。其中最为著名的是孙悟空，他与各种各样妖魔作斗争的故事几乎为每个中国孩子所熟知。（2020 年 9 月大学英语六级考试翻译试题）

在细读原文的基础上，进行翻译，从词到句到篇，由小及大地搭建译文，其中特别需注意的是：

1. 词的选择

由于英语单词与汉语词语之间并不是一对一的对等关系，选择词汇进行翻译时，切不可不假思索、直接武断地照词汇的字面意思翻译，要认真思考选择合适词汇，避免用词不当的现象。

如此段中"妖魔"一词，可能会有译者译为 monsters，但 monster 的词义为"体形巨大的怪兽"，汉语中"妖魔"并不强调其体形大，因此译为 demons 是较好的选择。除此之外，还有中国文学（Chinese literature）、经典小说（classical novels）、僧侣（monk）、民间故事（folk tales）等词汇，这些词汇是翻译此段落需要的基本的词汇，如果译者缺乏词汇储备，会给翻译带来很大障碍。因此，在平时学习和进行翻译练习时，一定要注意词汇的积累，尤其需要留意和中国文化、历史或现状相关的词汇。

2. 句的结构

译者需要以句子为单位进行句子结构的分析，按照英语的语法规律和语言习惯构建译文。

以第二句为例，句子主干为"这部小说描述了……的艰难历程"。"这部小说描述了……"可译为 The novel depicts... 或 The novel gives a depiction；宾语的核心名词为"历程（journey）"，"艰难"译为形容词 arduous，作为"历程"的定语。此句中需要注意的是如何翻译"艰难历程"前的长定语结构，即"著名僧侣玄奘在三个随从的陪同下穿

越中国西部地区前往印度取经"。译者需要对此长定语进行拆解后再翻译。此结构中,主要人物是玄奘,"著名僧侣(a famous monk)"可以译为主语的同位语,"在三个随从的陪同下(accompanied by...)"和"穿越中国西部地区前往印度(making across...)"可分别译为过去分词结构和现在分词结构,"取经"译为动词不定式结构 to get the Buddhist scriptures。此句话整理后可译为"The novel gives a depiction of the arduous journey of Hsuan-tsang, a famous monk accompanied by his three followers making across the western region of China to India to get the Buddhist scriptures."。

3. 段落的衔接与连贯

译者需要分析句与句之间的关系,使用英语的衔接手段,如连接词、照应、省略等,将句子衔接起来,并从全段的逻辑关系中分析译文的连贯性,可通过诸如添加缺失信息、调整句子顺序等方式,增强译文的连贯性。

以第三、四句为例。如果单独考虑第四句话,很可能将其译为 Among them, the most famous one is...,但结合第三句话的译文,如果第四句开头译为 Among them,此处的 them 就指代不清了,指代的可能是 folk tales and myths 也可能是 images。为了避免出现歧义,于是译为 Among the images。

最后通读全部译文,修改可能出现的错误之后,译文如下:

Journey to the West is probably the most influential novel among the four great classical novels of Chinese literature, and certainly the best known abroad. The novel gives a depiction of the arduous journey of Hsuan-tsang, a famous monk accompanied by his three followers making across the western region of China to India to get the Buddhist scriptures. Although the theme of the story is based on Buddhism, the novel employs numerous Chinese folk tales and myths, creating a variety of vivid images of characters and animals. Among the images, the most famous one is the Monkey King, whose stories of fighting against various demons are almost familiar to every Chinese kid.

翻译不仅是理解和表达的过程,也是一个再创造的过程。对于翻译学习者来说,正确理解原文是做好翻译的基础。翻译是原文思想的传递,保证原文的意思不变是最重要的。但同时,翻译学习者还要特别注意正确理解原文不等于逐字逐句直译,译文一定要在译入语的语言和文化框架下正确传达原文的意思。

汉译英段落翻译对双语语言能力、运用翻译技巧的能力都有很高要求。想要做好翻译,首先,需要阅读大量的英语原著和文章,对英语的词汇、句法、篇章结构等进行观察、积累和模仿,从而打牢英语的语言基础。同时,需要掌握一些翻译理论,包括翻译标准、翻译策略等,并且还需要熟知英汉语言和文化的差异。

在扎实的英汉双语语言基本功的基础上,翻译学习者需要进行大量的段落翻译练习,在练习中找问题、找差距、多思考、勤总结。这样才能更深刻地体会到英汉两种语言和文化的差异,才能更得心应手地使用恰当的翻译策略做好翻译。

练 习 题

一、填空题

请填入恰当的内容，完成译文。

1. He never really succeeded in his ambitions. He might have done, one felt, had it not been for the restlessness of his nature.

   他从未实现自己的抱负，人们觉得，如果不是因为他那不安分的天性，也许他早已_____。

2. Credit cards enable their holders to obtain goods and services on credit. They are issued by retail stores, banks and credit-card companies to approved clients.

   信用卡能使持卡人以赊账的方式购买商品、获得服务。_____ 由零售店、银行和信用卡公司发放给经过批准的客户。

3. 商品成本低本身并不能保证它在市场上的竞争力。现在的顾客变得越来越挑剔了。他们不仅注意商品的价格，而且对商品的质量、式样以及售后服务也同样重视。

   Low costs, by themselves, cannot guarantee market competitiveness in a world of increasingly choosy customers _____ often care _____ much about quality, style and service as they _____ about price.

4. 发展才是硬道理。这个问题要搞清楚。如果分析不当，造成误解，就会变得谨小慎微，不敢解放思想，不敢放开手脚，结果是丧失时机，犹如逆水行舟，不进则退。(《邓小平文选》)

   Development is the absolute principle. We must be clear about this question. If we fail to analyze it properly _____ to understand it correctly, _____ shall become overcautious, not daring to emancipate our minds _____ act freely. Consequently, _____ shall lose opportunities. Like a boat sailing against the current, we must forge ahead _____ be swept downstream.

5. 刚去的当晚，是个阴天，偶尔倚着楼窗一望：奇怪啊，怎么楼前凭空涌起那么多黑黝黝的小山，一重一重的，起伏不断。记得楼前是一片比较平坦的园林，不是山。(杨朔，《荔枝蜜》)

   It was a cloudy evening _____ arrived. _____ happened to look out the window _____ was surprised by the sight of dark little mounds outside the window. One after another, crowding together, _____ turned the grounds outside, _____ I remember as level, into hilly land.

二、句子翻译

1. No man can be brave who considers pain as the greatest evil of life; or temperate, who regards pleasure as the highest goal. (Cicero)

2. A good book may be among the best of friends. It is the same today that it always was, and it will never change. It is the most patient and cheerful of companions. It does not turn its back upon us in times of adversity or distress. It always receives us with the same kindness, amusing and instructing us in youth, and comforting and consoling us in age.

3. 古筝（guzheng）是一种古老的中国民族乐器。它是一种弹拨乐器（plucked instrument），其发音清脆悦耳。古筝的历史可以追溯到公元前5世纪至公元前3世纪的战国（the Warring States）时期，经秦汉时代由西北地区流传至全国。
4. 在中国，农历七月初七的夜晚天气温和，草木飘香，这就是人们俗称的七夕节，又叫乞巧节或女儿节，它是中国传统节日中最具浪漫色彩的一个节日。
5. 苏州，始称吴，又名"吴门""姑苏"，位于长江三角洲，面积8848.4平方公里，人口570余万。境内河流湖泊密布，京杭大运河纵贯南北，是著名的江南水乡。

三、段落翻译

　　乒乓球运动是一项强调耐力与反应能力（reflex）的运动，尽管乒乓球本身比较小，运动强度也不大。由于乒乓球运动是室内运动，所以可以常年举行乒乓球比赛或进行练习。自从乒乓球运动诞生以来，它已经经历了巨大的演变。比赛规则经过了多次的修改，并且随着技术的进步和打球方式的改变，运动器材也有所改善。这些改良（refinement）证明了乒乓球运动已经发展为一项非常成熟的运动，可以与我们所崇尚的任何一种经典运动相媲美。

第十五章

习语的译法

你知道
- talk horse ≠ "谈论马"吗?
- donkey's years 是哪年吗?
- Achilles' heel 是什么牌子的高跟鞋吗?

第一节 英汉习语的文化差异

语言是一种文化现象，也是一种社会现象。每个民族都有自己的习语，这些习语是语言在漫漫历史长河中积累的文化沉淀物。习语在广义上包括成语、谚语、格言、歇后语、典故、惯用语、俚语等。英语称其为 idioms，指的是长期以来使用的具有完整意义和固定结构的词组或短句。由于地理环境、宗教信仰、历史事件和典故以及风俗习惯等方面的显著差异，英汉习语之间也就有着天然的区别。

一、地理环境的差异

因地理环境不同，语言中相关习语的表达也不同。例如，英国是一个岛国，海岸线长，航海业和渔业在英国经济生活中有着举足轻重的地位，因此也产生了大量与海上生活和捕鱼有关的习语，如 as big as a whale（像鲸鱼一样大）、as hungry as a shark（饿得像鲨鱼那样）。

举 例

英语中的"鱼"

1. a big fish　　　　　　　　大人物
2. a cold fish　　　　　　　　冷酷无情的人
3. a poor fish　　　　　　　　可怜虫
4. a loose fish　　　　　　　 放荡不羁的人
5. an odd fish　　　　　　　　怪人
6. to fish in the air　　　　　水中捞月
7. to have other fish to fry　　有别的事要做

中国是个内陆国家，是一个历史悠久的农业大国，所以汉语的习语有许多与土地和农业生产相关，比如"拔苗助长""斩草除根""寅吃卯粮""种瓜得瓜，种豆得豆""脸朝黄土背朝天""民以食为天"等，都与农业生产活动息息相关；"楚河汉界""人心齐，泰山移""不到黄河心不死""福如东海，寿比南山"等习语则展现了中国特有的地域色彩，充分体现了内陆文化，与英语习语中的海洋文化形成鲜明对照。作为农耕劳作的主要畜力，牛在汉民族的生活中也起到了重要的作用。汉语中，关于"牛"的习语有很多，但是由于英语中缺乏对应的习语，所以，汉语中的"牛"不一定译为 ox 或 cow。

举 例

汉语中的"牛"

1. 吹牛　　　　　　talk horse
2. 牛饮　　　　　　drink like a fish
3. 力大如牛　　　　as strong as a horse

4. 犟得像头牛　　　　　as stubborn as a donkey
5. 多如牛毛　　　　　　as plentiful as blackberries

译海轶事

在全国政协 2021 新年茶话会上，国家领导人寄语大家发扬"为民服务孺子牛、创新发展拓荒牛、艰苦奋斗老黄牛"的精神，在全面建设社会主义现代化国家新征程上奋勇前进。外交部发言人华春莹在社交媒体上将"三牛精神"（the three ox spirit）表达为：

- 孺子牛　　　　　the serving-the-people ox
- 拓荒牛　　　　　the pioneering ox
- 老黄牛　　　　　the persisting ox

二、宗教信仰的差异

宗教信仰是人类社会活动的重要组成部分，对人们的精神生活和日常生活有着重要影响。英语民族笃信基督教，因此英语里很多习语取自《圣经》或与基督教文化有关。

举例

1. as sure as the Bible　　　　　像《圣经》一样确凿
2. as correct as God's words　　　像上帝之词一样正确
3. as wise as Solomon　　　　　　像所罗门那样英明
4. as ignorant as Adam　　　　　　像亚当一样无知
5. as merry as David　　　　　　　像大卫一样快乐
6. as meek as Moses　　　　　　　像摩西一样温和

佛教在中国历史上影响甚广，因此汉语中有许多与"佛"或佛教相关的成语，如"立地成佛""借花献佛""暮鼓晨钟""临时抱佛脚""善有善报，恶有恶报""做一天和尚撞一天钟"等。由此可见，与宗教信仰有关的习语，在不同的语言中有不同的表现。如果想要弄懂这些习语的确切含义，就要对中西方国家宗教文化有一定的了解。

三、历史事件与典故的差异

英汉语言中有大量的习语来自历史事件、神话传说、寓言故事和文学作品，从这些习语中我们可以寻觅到一个民族甚至人类历史和文明发展变化的足迹。英汉习语中的人、事各方面都有典故可循。

英语中的典故多取自希腊罗马神话、圣经故事、寓言童话和历史事件。来自希腊罗马神话的习语，如 Pandora's box（潘多拉的盒子，灾难之源）、Achilles' heel（阿喀琉斯之踵，致命弱点）、Greek gift（希腊人的礼物，害人的礼物，黄鼠狼给鸡拜年）、a Sphinx's riddle（斯芬克斯之谜，难解之谜）、sword of Damocles（达谟克利斯之剑，随时可能发生的危险）。

简明英汉互译

《伊索寓言》在英语民族中流传甚广，英语中来自《伊索寓言》的习语也有很多，如 blow hot and cold（反复无常，拿不定主意）、sour grapes（酸葡萄，得不到的东西就说它不好）、a cat's paw（为他人所利用，充当别人的工具）、kill the goose that laid the golden eggs（杀鸡取卵，竭泽而渔）。

来自历史事件的习语，如 cross the Rubicon 或 burn one's boats（破釜沉舟，自绝退路），指古罗马名将凯撒（Julius Caesar）在公元前49年率军渡过卢比肯河（the Rubicon），与罗马执政官庞培决战，即下令焚舟，以示决心；meet one's Waterloo（遭遇滑铁卢，一败涂地），指1815年6月18日，拿破仑率法军在滑铁卢与威灵顿公爵指挥的英、德等国联军展开决战，结果拿破仑惨遭失败，从此一蹶不振。

译海轶事

其实，Achilles' heel 与高跟鞋并无关系。阿喀琉斯是希腊神话中最伟大的英雄之一。在他降生之初，母亲将他浸入冥河洗礼，令他刀枪不入、百毒不侵，只有他的右脚踵被母亲提在手里，未能浸入冥河，于是脚踵就成了他唯一的弱点。在长达十年的特洛伊战争中，他所向披靡，使敌人望风而逃。但在战争快结束时，敌方将领帕里斯抓住了他的弱点，一支毒箭射中他的脚踵，使他最终不治而亡。因此"阿喀琉斯之踵（Achilles' heel）"用来譬喻：即使是再强大的英雄，也有致命的死穴或软肋。例如，"Spelling is my Achilles' heel."。

Greek gift 直译为"希腊人的礼物"，来源于特洛伊战争。特洛伊人将希腊人留下的"礼物"——大木马拖进城，导致藏在木马中的希腊人与城外大军里应外合，摧毁了特洛伊城。Greek gift 就是指那只木马，后来用来比喻"存心害人的礼物"，与"黄鼠狼给鸡拜年——没安好心"有异曲同工之妙。例如，"Recently, he gave many expensive gifts to me, but I'm afraid those are Greek gifts."。

汉语中与历史事件和历史典故有关的习语比英语更为丰富，这是因为中华五千年的历史源远流长，文化积淀更为深厚。中国历史典故习语多来自释、道、儒的古典经籍和历史事件。源自神话传说的习语，如"精卫填海""嫦娥奔月""女娲补天""八仙过海，各显神通""猪八戒照镜子——里外不是人"。与历史事件相关的习语，如"一鼓作气""完璧归赵""万事俱备，只欠东风""说曹操，曹操到""精忠报国"。出自汉语写就的卷帙宝典的习语，如"实事求是"出自《汉书》；"以身作则"引自《论语·子路》；"不忘初心，方得始终"解读自《华严经》；"君子以自强不息"语出《周易》；"天地之大，黎元为先"出自唐代房玄龄的《晋书》。

四、风俗习惯的差异

风俗习惯的形成与不同民族所处区域的地理气候、生活饮食、礼节传统、文化背景等息息相关。《礼记·曲礼上》有"入境而问禁，入国而问俗，入门而问讳"的词句，说明古人很早就懂得不同区域有不同的风俗习惯。英汉两族人民远隔千山万水，风俗习惯存在着非常大的差异。这种习俗上的差异也反映了两国不同的生活方式，以及对待事物的不同态度。

从动物风俗习惯来看，中西习语文化差异很大。例如，英汉文化对"狗"有着自己独特的传统见解。在英语中，狗的比喻多用于褒义，如 lucky dog（幸运的人）、clever dog（聪明的小孩）、top dog（优胜者）、as faithful as a dog（像狗一样忠诚）、"Every dog has his day."（凡人皆有出头日）。在汉语中，很多形容"狗"的成语和谚语则多半带有贬义的色彩，如"狼心狗肺""狗急跳墙""狗仗人势""狗眼看人低""狗咬吕洞宾不识好人心"，还有"哈巴狗""狗咬狗""走狗""落水狗""狗腿子"等也是形容反面人物的。

从饮食习俗方面的差异来看，英国人日常生活的主要食物是面包、牛奶、黄油和奶酪，只要我们稍加留意，就会发现跟这些食品有关的习语不少，如 bread and butter（生计，谋生之道）、take the bread out of someone's mouth（抢某人的饭碗）、big cheese（大人物）、save one's bacon（摆脱困境）等。

举 例

1. as hot as toast   像烤面包一样热
2. as yellow as butter   像黄油一样黄
3. as pale as cheese   像奶酪一样白
4. as dull as small beer   像淡啤一样乏味

中国人以米饭为主，茶水是家常饮品，相应的习语有"粗茶淡饭""家常便饭""茶饭不思""人是铁饭是钢""巧妇难为无米之炊"等。在汉语成语里我们几乎看不到面包、奶酪、黄油和啤酒的影子。

习语好比一面镜子，能最明显地反映出一个民族或一种文化的特色。　　——罗斯

第二节　英汉习语的译法

习语在语言上具有通俗易懂、形象生动、寓意深刻等特点。在翻译过程中，如果能够恰如其分地运用习语，就可以起到锦上添花的效果，增强语言的表现力。在做英汉习语翻译时，应注意英汉两种语言文化间的差异，采用适当翻译技巧，既要兼顾民族特色，又要考虑读者的接受度，力求传神达意，形义兼备。

习语的翻译一般采用直译、意译、套译、直译加意译等方法，以保证习语内涵意义的准确传达。

简明英汉互译

英语格言

All the good sense of the world runs into proverbs.
世间的一切真知灼见都汇集于习语之中。

一、直译法

对于通过字面直译能使读者得到正确无误的形象意义的英汉习语，可采用直译法，这样既有利于保留原文民族文化特色，又能丰富译入语的语言，促进文化交流。

举例

1. A cat has nine lives.　　　　　　猫有九命
2. Easy come, easy go.　　　　　　来得容易，去得快
3. Like father, like son.　　　　　　有其父必有其子
4. Strike while the iron is hot.　　　趁热打铁
5. Walls have ears.　　　　　　　　隔墙有耳
6. wolf in sheep's clothing　　　　　披着羊皮的狼
7. add fuel to the fire　　　　　　　火上浇油

举例

1. 赴汤蹈火　　　　　　　　to go through fire and water
2. 轻如鸿毛　　　　　　　　as light as a feather
3. 浑水摸鱼　　　　　　　　to fish in the troubled waters
4. 滴水穿石　　　　　　　　Constant dropping wears the stone.
5. 老鼠过街，人人喊打　　　A rat crossing the street is chased by all.
6. 英雄所见略同　　　　　　Great minds think alike.
7. 嫁鸡随鸡，嫁狗随狗　　　Marry a cock and follow the cock; marry a dog and follow the dog.

以上例子中的这些习语都是采用直译法翻译出来的习语，不仅能够将原语言的意思直观地再现出来，而且能够有效地保留各自的语言文化特点。

二、意译法

如果直译不能准确地传达习语的意义，则可采用意译法，以填补语言中的词汇、语义空缺。翻译过程中，可灵活地采用翻译手段进行处理，将原语言的字面意思与表面形式进行合理摒弃，在表达原文意义的同时，尽量保持习语内容的完整性。

举例

1. the apple of one's eyes　　　　　　　　掌上明珠
2. have ants in one's pants　　　　　　　坐立不安

3. bury one's head in the sand 采取回避态度
4. Diamond cut diamond. 旗鼓相当、棋逢对手
5. Haste makes waste. 欲速则不达
6. A living dog is better than a dead lion. 好死不如赖活着
7. A leopard can't change its spots. 江山易改，本性难移

举 例

1. 桃李满天下 to have students all over the world
2. 东施效颦 blind imitation
3. 善有善报，恶有恶报 What goes around comes around.
4. 天有不测风云 Something unexpected may happen anytime.
5. 不管三七二十一 regardless of the consequence
6. 青出于蓝而胜于蓝 The pupil learns from and outdoes his teacher.
7. 解铃还须系铃人 It's better for the doer to undo what he has done.

三、套译法

同一个客观事物在不同文化中体现不同的价值，可引起不同的联想。有些英汉习语在比喻意义上基本相似，可以相互套用与之相似的习语来进行翻译，这也是一种归化的译法。

举 例

1. a cat on hot bricks 热锅上的蚂蚁
2. castle in the air 空中楼阁
3. to set a fox to keep one's geese 引狼入室
4. to lead a dog's life 过着牛马不如的生活
5. to look for a needle in a hay stack 大海捞针
6. The burnt child dreads the fire. 一朝被蛇咬，十年怕井绳
7. Man proposes, God disposes. 谋事在人，成事在天

举 例

1. 猴年马月 donkey's years
2. 一丘之貉 birds of a feather
3. 笑掉大牙 to laugh off one's head
4. 无风不起浪 There is no smoke without fire.
5. 天网恢恢，疏而不漏 Justice has long arms.
6. 杀鸡焉用牛刀 Take not a musket to kill a butterfly.
7. 满瓶不响，半瓶叮当 Empty vessels make the greatest sound.

简明英汉互译

四、直译 + 意译法

许多习语含有丰富的民族文化内涵，有的具有很强的典故性，带有浓厚的民族文化色彩，在翻译时可采用直译加意译的方法，即一部分用直译法以保留原语言特有的民族文化色彩；另一部分用意译法阐述以使其能被读者较容易的理解接受。

举 例

1. A good dog deserves a good bone.
   好狗应得到好骨头——有功者受奖
2. to shed crocodile tears
   掉鳄鱼的眼泪——假慈悲
3. stick and carrot
   大棒和胡萝卜——软硬兼施
4. His bark is worse than his bite.
   叫得凶，但咬得不凶——嘴硬心软

举 例

1. 班门弄斧
   to show off one's proficiency with axe before Lu Ban, the master carpenter
2. 狗咬吕洞宾，不识好人心
   You're like the dog that bit Lv Dongbin: you don't know a friend when you see one.
3. 事后诸葛亮
   to be Zhuge Liang after the event, to be wise after the event
4. 司马昭之心，路人皆知
   Sima Zhao's ill intent is known to all: the villain's design is obvious.

英汉习语的翻译不只是不同语言的转换，更是不同文化之间的交流。在做习语的翻译时，我们需要灵活运用翻译方法。但是，任何翻译方法都不是一成不变的，要根据具体的语境做出相应的调整。

第十五章　习语的译法

练 习 题

一、匹配题

1. 实事求是　　　　　　　A. Harmony is most precious.
2. 言必信，行必果　　　　B. The law does not favor the rich and powerful.
3. 和而不同　　　　　　　C. Promises must be kept; actions must be resolute.
4. 居安思危　　　　　　　D. strive continuously to strengthen oneself
5. 他山之石，可以攻玉　　E. study things to acquire knowledge
6. 自强不息　　　　　　　F. use stones from another mountain to polish one's jade
7. 和为贵　　　　　　　　G. harmony but not uniformity
8. 格物致知　　　　　　　H. be on alert against potential danger when living in peace
9. 法不阿贵　　　　　　　I. For a country to prosper, it must respect its teachers.
10. 国将兴，比贵师而重傅　J. seek truth from facts

二、习语翻译

1. A cat may look at a king.
2. A closed mouth catches no flies.
3. Actions speak louder than words.
4. An idle youth, a needy age.
5. Caution is the parent of safety.
6. Even Homer sometimes nods.
7. Everything comes to him who waits.
8. Give a dog a bad name and hang him.
9. It is no use crying over spilt milk.
10. No sweet without sweat.

三、段落翻译

　　在西方人心目中，和中国关系最为密切的基本食物是大米。长期以来，大米在中国人的饮食中占据很重要的位置，以至于有谚语说"巧妇难为无米之炊"。中国南方大多种植水稻。人们通常以大米为主食，而华北大部分地区因为过于寒冷或过于干燥，无法种植水稻，那里的主要作物是小麦。在中国，有些人用面粉做面包，但大多数人用面粉做馒头和面条。
（2015年6月大学英语四级考试翻译试题）

第十六章

英汉互译中常见的错误

你知道
- ◆ the Cancer ≠ "癌症"吗？
- ◆ see with half an eye ≠ "用半只眼睛看见"吗？
- ◆ I am alone ≠ "我是一条龙"吗？

简明英汉互译

第一节　望文生义　生搬硬套

　　扎实的语言基本功是成功翻译的首要条件。英汉两种语言中的一词多义现象都十分普遍，如果译者脱离上下文、孤立地理解词汇的意思，则有可能造成整句译文背离原文，产生翻译错误。词语的理解错误是翻译中最为常见的错误类型。

一、英译汉中的望文生义

　　扎实的双语基础，是做好英汉互译的根本。英译汉的关键在于准确理解原文，避免望文生义。钱锺书先生主张"得意忘形"，即最高的翻译境界是"得其意，忘其本形"，不能死译、硬译。

举　例

1. He knows nothing about the Cancer.
   误：他对癌症一无所知。
   正：他不了解巨蟹座。
2. The school decided to make an example of the little boy.
   误：学校决定以这个小男孩为榜样。
   正：学校决定惩罚这个小男孩以儆他人。
3. Sleeping late on weekends can also disrupt your body clock.
   误：周末睡得晚也会打乱人体的生物钟。
   正：周末睡懒觉也会打乱人体的生物钟。
4. This failure was the making of him.
   误：这次失败是由他造成的。
   正：这次失败是他成功的基础。

　　例句 1 中的 Cancer 首字母大写时指的是"巨蟹座"而非"癌症"。英语中很多名词大写和小写的用法和意义完全不同，如果译者不能区分，则会导致译文失误，如 march（行军）/ March（三月）、the house（房子）/ the House（议院）等。例句 2 中的 make an example of one 意为"惩罚……以警戒他人，罚一儆百"，而 set an example 才是"树立榜样"的意思。英语中同一动词的不同搭配往往具有不同的意义。例句 3 中的 sleeping late 被误译为"睡得晚"（"晚睡""迟睡"），实际上它表示"起得晚"或"睡懒觉"（get up late）。例句 4 中的动词 make 基本含义是"造成"，又可作"发展或发达的过程；成功的原因或手段"解，在本例句中便是此意。

二、汉译英中的生搬硬套

　　汉译英的关键在于如何综合运用所学的英语知识，透彻地理解汉语文字，准确通顺地

第十六章　英汉互译中常见的错误

用英语表达出来，避免犯生搬硬套的错误。这类错误就是把汉语表达的意思逐词照搬地直译成英语，以至于引起很多笑话。

四六级"神"翻译

- 开水　　　　　　　　　　　　open water
- 温泉　　　　　　　　　　　　gulugulu water
- 朝拜　　　　　　　　　　　　go to see GuanYin
- 机动车　　　　　　　　　　　exciting car
- 怦然心动　　　　　　　　　　make my heart peng peng
- 泰山雄伟壮观　　　　　　　　Mountain Tai is wa oh~
- 铁观音在中国是最受欢迎的茶之一。　Tieguanyin is yyds in China.

举　例

1. 决不能让政策"打白条"。
   误：Must not let the policy have white note.
   正：There must be no lip service.
2. 昨天晚上的聚会我们玩得很开心。
   误：We played very happily in last night's party.
   正：We enjoyed ourselves / had a good time in the party last night.
3. 每个人都在为一个较好的生活水平而努力奋斗。
   误：Everyone is striving for a better living level.
   正：Everyone is striving for a better living standard.
4. 中国西部的矿产很丰富。
   误：Chinese west minerals are rich.
   正：The west of China is rich in minerals.

例句 1 选自十三届全国人大二次会议李克强总理的讲话。"打白条"原意为"没有现钱，开一张欠条给别人"，这里指的是政策一定落到实处，不能只是口头上的政策，而 lip service 指的是"空口答应，口头优惠"。例句 2 中的"玩"是指度过了一个愉快的夜晚，译成 enjoy oneself 或 have a good time 更为准确。"玩牌""打球""弹琴"等译成英语时，表示动作的词一般都可以用 play。在翻译例句 3 中的"水平"时，不能生搬硬套 level 这个词，造成搭配不当，比如将"生活水平"译为 living level，"英语水平"译为 English level，"游泳水平"译为 swimming level。实际上，地道的英语搭配分别为 living standard、English proficiency 和 swimming skill。例句 4 同样也是生搬硬套，不能说"矿产"像人一样很富有（rich）。按照英语的习惯表达方法，"……很丰富"应采用 be rich in... 句型。

简明英汉互译

第二节　语法不精　表述不清

任何一门语言都具有相对系统的语法规则，因此语法知识也是翻译的基础。语法概念掌握不精，翻译表述就会不清晰，传递不完整，甚至是错误的信息。英语语法严谨，在英译汉时，应弄清每个句子的语法结构，理清句子主要成分和修饰成分及各成分间的修饰关系，以免译文不通，表述不顺。

举　例

1. It is already five years since she was a teacher.
   误：她当老师已经有五年了。
   正：她不当老师已经有五年了。
2. The kid stole his mother a ring.
   误：小孩子偷了他妈妈一枚戒指。
   正：小孩子给他妈妈偷了一枚戒指。
3. James had his phone robbed in the street.
   误：詹姆斯在街上抢了一个手机。
   正：詹姆斯的手机在街上被人抢走了。
4. Bella is a most diligent girl.
   误：贝拉是最勤奋的女孩子。
   正：贝拉是个很勤奋的女孩子。

例句 1，since 从句中的系动词使用过去式 was 或 were 是指一种状态的结束，即"不做……"。例句 2 中的 his mother 是 stole 的间接宾语，a ring 是直接宾语，所以这一句等于"The kid stole a ring for his mother."。例句 3 中的 have + sth. + done 意为"某某东西被……""某某东西遭到……"。例句 4 中的"a most + 形容词（原形）"不是形容词最高级形式，不表示"最……"之意，而是"非常……，很……"。其中的形容词，音节多少不受限制，应与"the + most + 形容词（多音节）"所表示的最高级区别开来。

汉语灵活多变，在汉译英时，一定要正确理解原文，并遵循英语语法规范，尽可能使译文表达精准、地道。常见的汉译英语法错误类型包括：名词单复数错误、主谓关系不一致、冠词介词错用漏用、时态语态错用、短语搭配错误等。

举　例

1. 中国的风景很美。
   误：The sceneries of China are very beautiful.
   正：The scenery of China is very beautiful.
2. 暑假从明天开始。
   误：The summer vacation begins from tomorrow.
   正：The summer vacation begins tomorrow.

3. 北京的气候比伦敦暖和。
   误：The climate of Beijing is milder than London.
   正：The climate of Beijing is milder than that of London.
4. 她行医至今已有十年了。
   误：She began to practice medicine for ten years to the day.
   正：It has been ten years to the day since she began to practice medicine.
5. 这篇论文需要重新写。
   误：This paper needs to rewrite.
   正：This paper needs rewriting / to be rewritten.

例句 1 中的 scenery 意为"风景"时，是不可数名词，没有复数形式，因此其谓语也不能使用 are，需要修改成 is，以保持主谓一致。例句 2 中的 tomorrow 作为副词，前面是不可以使用介词的。汉语中的"从"字在许多场合都不适合翻译成 from。例如，"新的学期从九月份开始"译为"The new term begins in September."、"考试从 9 点开始"译为"The exam begins at nine o'clock."、"教育从一个人出生开始"译为"Education begins with a man's birth."。例句 3 以"气候"比"伦敦"是错误的。根据英语语法，相同类别或性质的事物之间才可以进行比较。原文"伦敦"实为"伦敦的气候"，正确的译法是添加 that 指代 climate，如前面名词为复数形式则可考虑用 those 指代。例句 4 中的"行医"是瞬间动词，而"十年"是一段时间，两者难以协调，因此必须依据英语表达习惯作出调整。汉语对语言的形式要求并不严格；英语句子结构有比较严格的次序和规则，并且要求形式一致，人称、数量、时态、语态、情态都受制于时空。例句 5 中的"论文"需要"被"重新写，短语 need to do 表示主语与 need 这个动作是主动关系，而 need doing sth. / need to be done 才能表示主语与 need 之间的被动关系。

第三节　逻辑混乱　前后矛盾

每个句子或句与句之间大多具有内在逻辑关系，在进行英汉互译时，需要将逻辑判断和语言分析结合起来，保证语言通顺、逻辑清晰。英汉互译时，在确保词义和语法表达正确的同时，也应尽量避免逻辑关系的翻译错误，以免前后矛盾、逻辑混乱。

举　例

1. This team is repeatedly defeated although they fought again and again.
   误：这支球队屡败屡战。
   正：这支球队屡战屡败。
2. I do not know every one of them.
   误：每个人我都不认识。
   正：我不全认识每一个人。

简明英汉互译

3. I did what I thought was right.

   误：我做了我想做的事是正确的。

   正：我做了我认为是正确的事。

4. World-famous for her works, she was never personally well known, for throughout her life she avoided publicity.

   误：她由于作品而世界闻名，而她个人却从未有人了解，因为她一生中避免出风头。

   正：她的作品闻名于世，而她个人却始终默默无闻，因为终其一生她总是避免抛头露面。

例句 1 原文的重点在于 defeated，句中 although 连接的是让步状语从句，因而应该译成"屡战屡败"的让步关系。如果不能理清主从句逻辑关系，就会翻成完全相反的错误译文。例句 2 中，当不定代名词 every、all、both，以及副词 always、quite 与否定词结合时，不是全部否定，而是部分否定，即非"全不是"，而是"不全是"。例如，"Both are not my friends."，意思是"他们两个人不都是我的朋友（只有一个是我的朋友）"。如果要说两个都不是的话，应该是"Neither is my friend."。例句 3 中的 I thought 是插入语，句子主干是 I did what was right，如果只把 what I thought 当作 did 的宾语，就犯了逻辑混乱的错误。例句 4 如果用"她"作主语，说"她……世界闻名，而……从未有人了解"，令人不知所云。改译后以"她的作品"作主语就符合逻辑了。

在英语中，逻辑关系主要指时间先后的逻辑关系、非谓语动词的逻辑主语与主句主语的关系、执行者与承受者之间的关系、主从句之间的内在逻辑关系等。

举 例

1. 从图书馆借来的那本书已经还回去了。

   误：The book which was borrowed from the library had been returned.

   正：The book which had been borrowed from the library was returned.

2. 从山顶上看下去，这个花园就像个漂亮的城堡。

   误：Seeing from the top of the hill, the garden looks like a beautiful castle.

   正：Seen from the top of the hill, the garden looks like a beautiful castle.

3. 去年生产钢 6500 万吨。

   误：Last year produced 65 million tons of steel.

   正：Last year, 65 million tons of steel were produced.

4. 学生们就像个机器人。压力大，时间紧，作业多。

   误：The students are like a robot. The pressure is great, the time is limited and there is much homework.

   正：The students have become nothing but robots. They are under great pressure to do too much work in too little time.

例句 1 中的时间先后逻辑顺序是"借"在先，"还"在后，故此改译成 had been borrowed。例句 2 中，动词分词的逻辑主语一定要与其所在句子中的主语相一致，否则就会构成垂悬分词（dangling participle），即分词的逻辑主语与主句主语不一致，形成语病。例句 3 从逻辑上看，句子中的主语显然不是 last year，而是 65 million tons of steel，而"钢"和"生产"之间构成的是被动的逻辑关系。例句 4 的原文中"压力大，时间少，功课多"这三个概念并列，就是典型的"意合"。如果不理清其内在逻辑关系，就可能产生不规范的英语译文。该句的内在关系是由于"时间少"与"功课多"造成了压力增加。理解了因果关系后,翻译成"形合"的英语主谓结构就容易多了。

第四节 文化误读 生硬移植

翻译的本质就是跨文化交际活动,通过语言进行信息交流。而在翻译实践中,译者往往受本国文化影响,按照自己熟悉的文化来理解其他文化,这就容易造成"文化误读"。如果只对字面意思进行对应转换,而忽略语言背后的文化信息,那么就可能导致翻译失误。

英汉两种语言的文化差异往往体现在一些习语的使用上,若想准确翻译原文所传达的文化含义,需要有一定的文化背景知识。在翻译原文中文化内涵丰富的词语时,可根据具体情况灵活采用归化或异化的方法,如英文习语 to teach fish to swim 可归化译为汉语的"班门弄斧",也可异化成"教鱼游泳"。但是,如果不能吃透原文意思,翻译时生硬移植,为了异化而异化,则会导致译文生硬拗口、令人费解。比如,新文化运动时期的"德先生"和"赛先生"这一口号,是由词语"德谟克拉西(democracy)""赛因斯(science)"异化而来的,在汉语中一度十分流行,但由于缺乏实践意义,最后还是被"民主"和"科学"所取代。

举 例

1. Jack's mother crossed her fingers during the race so that he would win.
   误:比赛时杰克的母亲交叉手指,以便让他赢。
   正:比赛时母亲为杰克祈祷,祝愿他能赢。
2. I can see with half an eye that John is a foolish man.
   误:我能用半只眼睛看见约翰这个笨蛋。
   正:我一看就知道约翰是个笨蛋。
3. I'll be with you from the egg to the apple.
   误:我将陪你吃鸡蛋和苹果。
   正:我将永远和你在一起。
4. In spite of the storm, the Fourth of July fireworks display was not canceled.
   误:尽管有暴风雨,7月4日烟火会演没有被取消。
   正:尽管有暴风雨,7月4日美国独立日的烟火会演没有取消。

例句1中的"交叉手指"并没有传达出原文的确切含义。其实 cross one's fingers 就是将两根手指交叉,作十字架状,意思是"祈求上帝赐予好运"。所以这里母亲是在祝愿杰克好运。例句2中的"用半只眼睛"生硬地移植了原文说法,很难读懂究竟,而 see with half an eye 是习语,意为"一看便知、一目了然"。因此在翻译时,要注意兼顾英汉两种语言不同的文化特征,重视成语及固定搭配的学习积累,切勿望文生义。例句3中,在西方国家,人们早餐总是吃鸡蛋、面包,喝牛奶,而晚餐最后一道菜总是以包含苹果在内的甜点结束,所以 egg 在这里指一天的开始,进而泛指事情的开始,apple 则指其终结。这个句子的具体内涵便是"我将永远和你在一起",人们常用这一形象说法表达誓死不渝的忠

简明英汉互译

贞爱情。例句4中的7月4日（the Fourth of July）是"美国独立日"，美国人是要隆重庆祝的。翻译时，这一重要背景信息必须在汉语译文中明确体现，否则译文内容就会出现文化缺失的问题。

举 例

1. 我们什么时候才能喝上你的喜酒？
    误：When can you give us a drink of happiness?
    正：When will you invite us to your wedding feast?
2. 我们在政策上不搞"一刀切"。
    误：We should not impose "cutting by one knife" on the implementation of the policies.
    正：We should not impose one-size-fits-all approach on the implementation of the policies.
3. （赵辛楣）一肚子的酒，几乎全化成醋酸。（钱锺书，《围城》）
    误：The wine in his stomach turned to sour vinegar.
    正：The considerable amount of wine he had consumed earlier was burning inside and made him sick with jealousy.
4. 她在戏中扮演包公。
    误：She played the role of Bao Gong in the opera.
    正：She played the male role of Judge Bao (a just and impartial judge in Chinese history) in the opera.

例句1中，中国人的"喜酒"特指结婚时招待亲友的酒席，翻译成 a drink of happiness 过于抽象含混。这里必须传达出"喜酒"所代表的具体内容，即 wedding feast。例句2中，"一刀切"是汉语特有的形象表达，如果照字面意思直译为 cutting by one knife，译文读者会不知所云。原文"一刀切"实际上指"强求一致"，因此抽象化为 one-size-fits-all approach 更为准确。汉语中的"吃醋"指的是"嫉妒"，西方人很难将醋与嫉妒联系起来，所以例句3中的"醋酸"如果译成 vinegar 就无法体现原文的内涵，故抽象化为 made sb. sick with jealousy。例句4中，"包公"一词在英语中属于文化空缺词汇，其形象多数英语读者也不熟悉，如果只译成 Bao Gong 就会影响对原文信息的正确理解。因此，翻译时，采用音译和意译结合的方法，在括号内加上解释，使译文读者在接受文字信息的同时，也接受了中国戏剧艺术中的这一典型人物形象及其联想意义。

译家之言

翻译者必须是一个真正的文化人，不了解语言中的社会文化，谁也无法真正掌握语言。
　　　　　　　　　　　　　　　　　　　　　　　　　　　　——王佐良

第十六章　英汉互译中常见的错误

练 习 题

一、单选题

　　请选择正确的译文。

1. Noah never had words with Julia.
   A. 诺亚从未与茱莉娅争吵过。
   B. 诺亚从来没有和茱莉娅说过话。

2. The hostess carried her audience with her.
   A. 主持人把她的听众带走了。
   B. 主持人博得全场喝彩。

3. Quite a few students study in the library at weekends.
   A. 很多学生周末在图书馆学习。
   B. 只有几个学生周末在图书馆学习。

4. It is impossible to exaggerate its importance.
   A. 夸大它的重要性是不可能的。
   B. 无论怎样强调它的重要性也不为过。

5. Why are you like April weather?
   A. 为什么你总是喜怒无常？
   B. 为什么你好像人间的四月天？

6. I will finish the work in no time.
   A. 我永远都不能完成这个工作。
   B. 我马上就能把这个工作做完。

7. This photo flatters her.
   A. 这张照片比她本人更好看。
   B. 这张照片拍了她的马屁。

8. There is no man but hates her.
   A. 没有一个人不恨她。
   B. 但是没有人恨她。

9. The child never opens his mouth but he tells a lie.
   A. 那个小孩从不开口，但他撒谎。
   B. 那个小孩一开口就说谎。

10. The table is at sixes and sevens.
    A. 桌子的长宽尺寸是六乘七。
    B. 桌子上乱七八糟的。

简明英汉互译

二、改错题

请改正下列译文中的错误。

1. 请注意身体。
   Notice your body, please.
2. 我用最便宜的价格买下了这栋房子。
   I bought the house at the cheapest price.
3. 约翰是个烟鬼。
   John is a smoking ghost.
4. 昨天晚上我们整晚在看电视。
   We spent last evening watching the television.
5. 我习惯晚睡。
   I am used to stay up late.
6. 他的习惯跟我不同。
   His habits are quite different from me.
7. 你方便的话,请在七点钟来。
   Please come at seven if you are convenient.
8. 他虽然生病了,但是仍去上学了。
   Though he was ill, but he went to school.
9. 他既不会说汉语,也不会说英语。
   He neither speaks Chinese nor English.
10. 你不要跟我耍小聪明。
    Don't show your cleverness in front of me.

三、段落翻译

泰山位于山东省西部。海拔1500余米,方圆约400平方公里。泰山不仅雄伟壮观,而且是一座历史文化名山,过去3000多年一直是人们前往朝拜的地方。据记载,共有72位帝王曾来此游览。许多作家到泰山获取灵感,写诗作文,艺术家也来此绘画。山上因此留下了许许多多的文物古迹。泰山如今已成为中国一处主要的旅游景点。
(2017年12月大学英语四级考试翻译试题)

参考文献

陈德彰. 2005. 英汉翻译入门. 北京：外语教学与研究出版社.
陈宏薇. 2004. 新编汉英翻译教程. 上海：上海外语教育出版社.
陈宏薇. 2009. 高级汉英翻译. 北京：外语教学与研究出版社.
陈廷佑. 2003. 英文汉译技巧. 北京：外语教学与研究出版社.
陈晓峰，戴湘涛. 2008. 英汉互译学与练. 北京：国防工业出版社.
范勇. 2006. 新汉英翻译教程. 南京：南京大学出版社.
冯庆华. 2010. 实用英汉翻译教程（英汉互译）（第三版）. 上海：上海外语教育出版社.
傅敬民，吕鸿雁. 2005. 当代高级英汉互译. 上海：上海大学出版社.
傅雷. 2014. 译家之言：翻译似临画（中英双语）. 北京：外语教学与研究出版社.
顾雪梁，何建乐. 2008. 汉英互译实用基础教程（上册）. 杭州：浙江大学出版社.
辜正坤. 2003. 中西诗比较鉴赏与翻译理论. 北京：清华大学出版社.
何炳威. 2002. 容易误译的英语. 北京：外语教学与研究出版社.
何三宁，唐国跃，范勇. 2006. 实用英汉翻译教程. 南京：东南大学出版社.
李长栓. 2009. 非文学翻译. 北京：外语教学与研究出版社.
李明. 2007. 英汉互动翻译教程. 武汉：武汉大学出版社.
李运兴. 2000. 语篇翻译引论. 北京：中国对外翻译出版社.
连淑能. 2010. 英汉对比研究. 北京：高等教育出版社.
林超伦. 2014. 实战笔译. 北京：外语教学与研究出版社.
刘龙根，胡开宝，伍思静. 2017. 大学英语翻译教程. 北京：中国人民大学出版社.
刘宓庆. 1990. 现代翻译理论. 南昌：江西教育出版社.
刘宓庆. 1992. 英汉对比与翻译. 南昌：江西教育出版社.
卢敏. 2018. 英语笔译实务教材配套训练. 北京：外文出版社.
吕叔湘，丁声树，等. 2016. 现代汉语词典（第七版）. 北京：商务印书馆.
马德高. 2020. 简·六级翻译. 上海：上海交通大学出版社.
彭萍. 2009. 实用英汉对比翻译. 北京：中央编译出版社.
彭萍. 2015. 实用英汉对比与翻译（英汉双向）. 北京：中央编译出版社.

钱歌川. 2011. 翻译的技巧. 北京：世界图书出版公司.

秦洪武，王克非. 2010. 英汉比较与翻译. 北京：外语教学与研究出版社.

思果. 2001. 翻译研究. 北京：中国对外翻译出版公司.

宋天锡. 2008. 英汉互译实用教程（第四版）. 北京：国防工业出版社.

仝益民. 2009. 说词解句：英汉语言对比与翻译. 大连：大连理工大学出版社.

托马斯·哈代. 2016. 苔丝. 吴迪，译. 南昌：江西教育出版社.

王菊泉，郑立信. 2004. 英汉语言文化对比研究：1995—2003. 上海：上海外语教育出版社.

王述文. 2008. 综合英汉翻译教程. 北京：国防工业出版社.

王宪生. 2013. 英汉句法翻译技巧. 北京：中国人民大学出版社.

王佐良. 1989. 翻译：思考与试笔. 北京：外语教学与研究出版社.

许建平. 2003. 英汉互译实践与技巧（第二版）. 北京：清华大学出版社.

许建平. 2015. 英汉互译入门教程（第二版）. 北京：清华大学出版社.

许建平. 2018. 英汉互译实践与技巧（第五版）. 北京：清华大学出版社.

许建平，李秀丽. 2020. 大学英语实用翻译（第四版）. 北京：中国人民大学出版社.

胥瑾. 2015. 英汉对比与翻译教程. 北京：化学工业出版社.

杨学云，陈婕. 2016. 大学英语实用翻译. 北京：人民交通出版社.

余光中. 2002. 余光中谈翻译. 北京：中国对外翻译出版公司.

张培基. 2007a. 英译中国现代散文选（二）. 上海：上海外语教育出版社.

张培基. 2007b. 英译中国现代散文选（三）. 上海：上海外语教育出版社.

张培基，喻云根. 1980. 英汉翻译教程. 上海：上海外语教育出版社.

张培基，喻云根，李宗杰，等. 2018. 英汉翻译教程. 上海：上海外语教育出版社.

张润晗，王素娥，霍盛亚. 2018. 英汉语言对比与互译. 北京：清华大学出版社.

张震久，孙建民. 2009. 英汉互译简明教程. 北京：外语教学与研究出版社.

赵桂华. 2003. 翻译理论与技巧. 哈尔滨：哈尔滨工业大学出版社.

赵濂直. 2014. 英汉翻译实用教程. 北京：清华大学出版社.

赵友斌，胡虹. 2017. 英汉词语语义比较. 西安：西北工业大学出版社.

赵元任. 1979. 汉语口语语法. 吕叔湘，译. 北京：商务印书馆.

朱明炬，谢少华，吴万伟. 2007. 英汉名篇名译. 南京：译林出版社.

庄绎传. 2006. 英汉翻译简明教程. 北京：外语教学与研究出版社.

庄绎传. 2015. 译海一粟：汉英翻译九百例. 北京：外语教学与研究出版社.

全国大学英语四、六级考试委员会. 2016. 全国大学英语四、六级考试大纲（2016年修订版）.

Halliday, M. A. K. & Hasan, R. 1976. *Cohesion in English*. London：Longman.

Newmark, P. 2001. *A Textbook of Translation*. 上海：上海外语教育出版社.

Nida, E. A. & Taber, C. K. 2004. *The Theory and Practice of Translation*. 上海：上海外语教育出版社.

Pinkham, J. 2009. *The Translator's Guide to Chinglish*. 北京：外语教学与研究出版社.